Catalogage : Management - Entreprise (création-reprise-développement)
Directrice éditoriale : Claire Gautier
Assistante éditoriale : Clara Nauche
Révision : Brigitte Delphis

Titre original : *Enchantment, The Art of Changing Hearts, Minds, and Actions*

Édition française 2011: Les Éditions Diateino

ISBN 978-2-35456-029-4

Retrouvez-nous sur :

http://www.diateino.com
http://fr-fr.facebook.com/diateino
http://twitter.com/Diateino

L'Art de l'enchantement

Ouvrages de Guy Kawasaki
parus aux Éditions Diateino :

L'Art de se lancer, le guide tout terrain pour tout entrepreneur, 2006.
La Réalité de l'entrepreneuriat, le guide irrévérencieux pour dépasser, devancer, distancer vos concurrents, 2009.

Parus aux États-Unis :

Enchantment, The Art of Changing Hearts, Minds, and Actions, Portfolio, 2011.
Reality Check: The Irreverent Guide to Outsmarting, Outmanaging, and Outmarketing Your Competition, Portfolio, 2008.
The Art of the Start: The Time-Tested, Battle-Hardened Guide for Anyone Starting Anything, Portfolio, 2004.
Rules For Revolutionaries: The Capitalist Manifesto for Creating and Marketing New Products and Services, Collins Business, 2000.
How to Drive Your Competition Crazy: Creating Disruption for Fun and Profit, Hyperion, 1996.
Hindsights: The Wisdom and Breakthroughs of Remarkable People, Grand Central Publishing, 1995.
The Computer Curmudgeon, Hayden Books, 1993.
Selling the Dream, Collins Business, 1992.
The MacIntosh Way, HarperCollins, 1990.

Guy Kawasaki

L'Art de l'enchantement

Comment influencer les cœurs, les esprits et les actes

Préface et traduction : Marylène Delbourg-Delphis

Nombreux sont ceux qui peuvent faire fortune,
mais très peu sont capables de construire une famille.

J. S. Bryan

À ma femme, Beth
et mes quatre enfants,
Nic, Noah, Nohemi, et Nate…
car ils m'enchantent tous les jours.

Remerciements

La gratitude enrichit la vie. Ce que nous avons devient suffisant, et plus encore. Elle transforme le déni en acceptation, le chaos en ordre, la confusion en clarté. Elle peut changer un repas en festin, une maison en foyer, un étranger en ami.

Melody Beattie (auteur de *Vaincre la codépendance*[1])

La publication d'un livre n'est pas un effort solitaire. Certes, l'auteur doit creuser le filon et laisser les mots s'échapper, mais il y a un long processus de gestation pour en arriver au stade de l'écriture. Près d'une centaine de personnes m'ont aidé à finir ce livre et je voudrais saluer leurs efforts.

Architectes initiaux : Marylène Delbourg-Delphis et Bill Meade.

Au-delà des attentes : Sarah Brody, Taly Weiss, Jon Winokur, Anne Haapanen, Kate Haney, Tina Seelig, Steve Martin, et Bruna Martinuzzi.

Contributeurs : Mari Smith et Greg Jarboe.

Penguin : Rick Kot, toujours très patient, Joe Perez, Kyle Davis, Allison « Sweetness » MacLean, Laura Tisdale, Gary Stemling, Will Weisner, et Adrian Zackheim.

Muscle : Sloan Harris.
Recherche : Catherine Faas.

Bêta testeurs : Karen Lai, Alison van Diggelen, Ed Morita, Alfonso Guerra, Jim Simon, Cerise Welter, Brad Hutchings, Scott Yoshinaga,

1 Melody Beattie, *Vaincre la codépendance*, Pocket, 2004.

Gary Pinelli, Web Barr, Terri Lowe, Dan Agnew, Beth Kawasaki, Terri Mayall, Will Mayall, Gary Pinelli, Harish Tejwani, Bill Lennan, Kelsey Hagglund, Lisa Nirelli, Matt Maurer, Tammy Cravit, Tariq Ahmad, Kip Knight, Geoff Baum, Milene Laube Dutra, Brent Kobayashi, Alex de Soto, Patricia Santhuff, Daniel Pellarini, Mitch Grisham, Stevie Goodson, Fernando Garcia, Ken Graham, Steve Asvitt, Charlotte Sturtz, Kelly Haskins, Lindsay Brechler, Shoshana Loeb, Halley Suitt, Barbara French, Zarik Boghossian, Imran Anwar, Ravit Lichtenberg, et Matt Kelly.

Couverture : Ade Harnusa Azril, Michael LaFosse, Richard Alexander, Lisa Mullinaux, Ross Kimbarovsky (et l'équipe the Crowdspring), Jason Wehmhoener, Jean Okimoto, Gina Poss, et Marco Carbullido.

Marketing : Catri Velleman et Allen Kay.

PowerPoint : Ana Frazao.

Restaurant : La Tartine à Redwood City, en Californie.

Musique : La chaîne Pandora's Adult Contemporary.

Ignorer une seule contribution n'aurait rien d'enchanteur. Donc je tiens à présenter mes excuses d'emblée si je m'en rends coupable. Vous pouvez me le signaler : Guy@alltop.com et je m'engage à le corriger dans la prochaine édition.

En tout cas, un grand « *mahalo*[2] » à tous. Rien n'aurait été possible sans vous.

2 « *Mahalo* » est le terme hawaiien pour « merci ».

Sommaire

L'achat de livres serait une bonne chose si on pouvait aussi acheter le temps de les lire ; mais d'une manière générale, on confond à tort l'acquisition des livres et l'assimilation de leur contenu.

Arthur Schopenhauer

Préface

Entrepreneurs, réenchantez le monde !

Il y a ceux qui voient, dans ce que Max Weber appelait le « désenchantement du monde », une sorte de substrat inévitable de leur vie quotidienne – pour toutes sortes de raisons, bonnes ou mauvaises, allant de la nostalgie d'un âge d'or qui n'a peut-être jamais existé à la désillusion ou l'ennui au travail. Et il y a ceux qui croient au réenchantement du monde, qui en sont les artisans, qui veulent faire une différence : ce sont les entrepreneurs. Ils veulent enchanter, faire partager leur vision d'un monde meilleur. Ils sont capables de déjouer le cynisme, le scepticisme, l'immobilisme blasé ou la résignation. C'est le sujet de *L'Art de l'enchantement* de Guy Kawasaki.

Le mot « enchantement » évoque d'emblée les rêves et les mythes, la venue miraculeuse de fées bienveillantes ou de Merlin omnipotents. C'est le bonheur insouciant de l'enfance où tout semble possible. C'est presque par inadvertance que nous parlons des enchantements de la vie quotidienne, qu'il s'agisse de notre première rencontre avec un être aimé, du sourire d'un bébé ou de ses premiers pas, ou de la découverte d'une cause que nous croyions chimérique. C'est presque par inadvertance que nous réalisons que le monde qui nous entoure, même s'il nous donne des motifs de nous lamenter, nous offre aussi des quantités de raisons de nous laisser aller à l'émerveillement ainsi que d'émerveiller les autres : un exemple, vous avez de Skype un usage pragmatique, parce que c'est votre outil de travail, mais engagez une session avec votre mère ou votre grand-mère. Vous n'imaginez pas à quel point vous allez l'enchanter !

Laissez-vous enchanter pour enchanter…

Adulte, on est souvent réticent à se laisser aller à l'enchantement, essentiellement de peur d'apparaître excessivement naïf ou émotif. Alors on vit sur ses gardes et on se croit plus intelligent parce qu'on se réfugie dans la méfiance et la condescendance. Mais il est aussi un fait que plus on se garde de l'enchantement, moins on sent les vibrations de l'innovation à l'extérieur comme à l'intérieur de soi, et plus on s'enferme dans le discours du *statu quo*. C'est là que les blasés s'emprisonnent dans le cercle vicieux de l'ennui : plus on réduit sa perception du frémissement du monde, moins on est capable de s'imaginer les moyens de le transformer et d'enchanter les autres par ses idées. Ainsi, les gens qui ne savent pas se laisser enchanter réduisent-ils leurs chances de ne jamais enchanter les autres. Sourds à l'émotion qu'il y a à être enchantés, ils sont incapables de la créer chez les autres. L'ennui génère l'ennui.

« Seule l'enfance ne vieillit pas[3] », disait Avrom Sutzkever (1913-2010), un poète yiddish récemment disparu, donc gardez en vous la fraîcheur de vous laisser séduire par les bonnes histoires pour devenir enchanteur à votre tour. Qu'on admette ou non qu'on soit ébloui, fasciné, envoûté, ou subjugué, on trouve à se laisser enchanter comme un regain d'énergie et d'enthousiasme. Cela nous permet d'aller de l'avant, de nous reconnecter avec ceux qui nous entourent, d'avoir des chances de les emmener avec nous dans notre jubilation. L'enchantement est contagieux. C'est le point de départ indispensable, même si ce n'est qu'un point de départ : car chacun sait que les prédispositions à la peinture n'ont jamais fait de quiconque un Van Gogh. Il en va de même pour qui veut devenir un grand enchanteur. Comme pour tous les arts, la règle de l'excellence est simple : 10 % de talent, 90 % de travail. Et le but de ce

---

3 *« Bloyz di kindheyt vert nit elter »* - Merci au poète Dory Manor de m'avoir indiqué la source de cette citation : Lider fun togbukh [Poèmes du journal intime], Éd. Di goldene keyt, Tel-Aviv, 1977.

livre est de vous aider dans la compréhension et la mise en œuvre de ces 90 %.

Construisez votre MAGIE

Ce qui fait la force de l'enchanteur, c'est sa MAGIE, tout simplement, c'est-à-dire :

Sa maîtrise : Si vous avez vu Steve Jobs sur scène, vous conviendrez qu'il est époustouflant. Ce n'est pas parce qu'il est un acteur né, c'est parce qu'il s'est préparé au-delà de ce qu'on peut imaginer.

Son autorité : Un enchanteur sait de quoi il parle. Il est compétent. Il possède ce que l'art rhétorique des Grecs appelait l'*èthos* (ἦθος), le style qui lui permet de capter l'attention et de créer la confiance par la crédibilité, le savoir et des qualités morales.

Sa générosité : L'enchanteur sait se rendre sympathique, parce que son but est de donner, non de se faire valoir, de se faire admirer ou d'embobiner les gens à leur insu. Il transfère à son public un pouvoir.

Son imagination : L'enchanteur voit et comprend l'environnement de ceux qui l'écoutent pour vaincre leur résistance, leur scepticisme et leur ouvrir des perspectives vers un monde meilleur.

Son engagement : L'enchantement est une relation humaine, directe ou par le média d'une technologie, et le rêve de tout enchanteur est d'en faire durer l'écho chez ceux qu'il enchante, soit parce qu'ils se servent toujours du produit dont il leur a parlé vingt ans plus tôt, ou parce qu'ils en gardent un souvenir extraordinaire.

Raffinez votre art

Chaque chapitre de *L'Art de l'enchantement* est un guide vous engageant à travailler sur vos points faibles en consolidant vos points forts. Comment souriez-vous ? Quelle est la qualité de votre poignée de main ? Ce sont des petits détails auxquels vous ne pensez souvent plus, tant vous êtes habitués à être, comme on dit, « vous-même » – au point que vous n'êtes peut-être déjà plus que le simulacre de ce que vous étiez il y a cinq ou dix ans, et que tout à « vous-même », vous avez oublié que tous les gens que vous rencontrez aujourd'hui vous voient avec leurs yeux du moment, non avec ceux des gens que vous avez côtoyés autrefois. Peut-être êtes-vous devenu arrogant sans vous en apercevoir et avez-vous transformé votre sourire en rictus automatique et votre poignée de main en un coup de patte à ceux que vous ne vous donnez même pas la peine de regarder… Eh oui, l'enchantement est autant un travail sur soi qu'une action sur les autres !

La Réalité de l'entrepreneuriat[4] était une suite à *L'Art de se lancer*[5]. *L'Art de l'enchantement* est à la fois une préquelle[6] et une suite pour les deux livres. Franchement, si vous n'avez envie d'enchanter personne, allez-vous lancer une société ? Comment allez-vous vivre avec enthousiasme la réalité quotidienne de votre entreprise si vous ne mesurez pas que vous devez enchanter vos employés et vos clients, et tout aussi souvent, vous laisser enchanter par eux pour retrouver la ferveur ? Ce livre est bien un livre d'apprentissage, non un livre de contes de fées. Il vous présente un éventail de techniques, qui ne sont pas nécessairement enchanteresses par elles-

4 Guy Kawasaki, *La Réalité de l'entrepreneuriat*, Les Éditions Diateino, 2009.

5 Guy Kawasaki, *L'Art de se lancer*, Les Éditions Diateino, 2006.

6 Selon Wikipédia : « Une **préquelle** est une œuvre réalisée après une œuvre donnée, mais dont l'action se déroule avant du point de vue de l'univers de fiction. C'est un épisode précédent mais réalisé après. Cela pointe la différence entre le déroulement du temps de la fiction et celui du temps réel. »

mêmes, puisque le propos n'est pas de vous raconter un roman à l'eau de rose, mais de vous faire comprendre les mécanismes à l'œuvre dans le processus d'enchantement. Par exemple, l'expérience menée par Kawasaki sur la réaction de ses invités devant des poubelles de tri sélectif n'a rien de charmant (même si c'est amusant), mais elle vous donne un message clef : anticipez les réactions des gens pour influencer leur comportement ! Après tout, le musc est une odeur abominable pour beaucoup, mais la base des plus belles fragrances de l'histoire. Tout est dans l'ensemble, la MAGIE du parfumeur qui assemble.

Apprenez de la MAGIE des autres…

Et bien sûr, commencez par Guy Kawasaki. Il sait de quoi il parle. Ce n'est pas un professeur d'université qui disserte sur l'art d'avoir de l'influence ou un psychologue disséquant le comportement d'êtres humains placés dans un bocal, même s'il tire parti de toutes ces expériences. C'est un praticien de l'art de l'enchantement. La première fois que je l'ai rencontré, en 1986, cela m'avait frappée. Je débarquais dans la Silicon Valley. Je ne connaissais pas son nom. J'ai appris qu'il était l'évangéliste du Macintosh aux États-Unis, mais pour tout dire, je ne comprenais pas très bien ce que cela voulait signifier à l'époque, d'autant que j'étais un peu déroutée par les connotations religieuses de ce terme « évangéliste », qu'on n'employait guère en ce sens en France à l'époque. Et puis un jour, j'ai compris, en le voyant parler à un groupe de développeurs, en remarquant cette façon d'associer un vrai désir de convaincre avec une nonchalance attentive. Il avait un art consommé de raconter son histoire, et je dirais une telle maîtrise de son histoire que jamais il n'y avait de raideur dans son propos, son ton ni dans son style. Il ne cherchait pas à éblouir pour éblouir. Le projecteur, bien que sur lui, semblait en réalité dirigé vers tous ceux qui l'écoutaient. Les gens venaient à lui – parce qu'ils avaient envie de suivre un enchanteur. Ce jour-là, j'ai compris comment il avait séduit tant de programmeurs brillants, parfois incroyablement directs, et maintenu leur intérêt pour le Macintosh, malgré le traumatisme général qu'avait causé le départ de Steve Jobs en 1985.

Quand l'année suivante, je lui ai demandé s'il avait envie d'être le président de la société que je créais, il m'a répondu avec un sourire, un vrai sourire, vous savez, celui qui crée des pattes-d'oie : « *Really* ? » – Vraiment ? Et puis, en un rien de temps, il a dit oui. Mais savez-vous ce qui m'a le plus enchantée ? C'est de découvrir, en lisant un article du *New York Times* quelques jours plus tard, qu'il était bien plus célèbre déjà que ce que je croyais. Les vrais enchanteurs n'ont pas besoin d'imposer leur pouvoir : ils l'ont et le conservent par l'élégance de leur humilité.

Si vous me croyez partiale parce que je connais Guy depuis plus de vingt ans, allez l'écouter parler. Vous observerez les dizaines d'individus qui ne se connaissent pas s'installer dans la salle. Vous les verrez aussi repartir différents de ce qu'ils étaient en arrivant. Ils ont un sourire sur leur visage. Ils sont contents. Ils se mettent à parler aux gens autour d'eux. D'un seul coup, ils ont quelque chose à partager. Ils sont enchantés et sont prêts à enchanter à leur tour.

Menlo Park, février 2011
Marylène Delbourg-Delphis

Introduction

La difficulté n'est pas dans les idées nouvelles.
Elle est, quand on a été éduqué comme la plupart d'entre nous l'avons été,
d'échapper aux idées anciennes qui se ramifient dans nos esprits.

John Maynard Keynes

Mon histoire

J'ai vu un Macintosh pour la première fois au cours de l'été 1983, six mois avant le reste du monde. Mike Boich me l'a montré au fond d'un petit immeuble de bureaux situé sur Bandley Drive à Cupertino en Californie. À l'époque, Boich était l'évangéliste de la division Macintosh d'Apple. J'étais un modeste marchand de bijoux, vendant de l'or et des diamants pour un petit fabricant de Los Angeles. Le Macintosh n'existait qu'à l'état de rumeur. Et la seule raison qui m'a permis de le voir si tôt est que Boich et moi partagions une chambre pendant nos études.

En ce temps-là, l'expression « ordinateur personnel » était un oxymore, car seules les cinq cents premières sociétés du magazine *Fortune,* les universités et les administrations en possédaient. Quand on était chanceux, on avait un Apple II ou un IBM PC. Ils affichaient du texte en majuscule et minuscule et on naviguait sur l'écran à l'aide des touches du curseur. La plupart des gens utilisaient les machines à écrire Selectric d'IBM et les plus favorisés avaient accès au modèle muni d'un ruban correcteur avec la bande associée de décollage.

Cette première vision du Macintosh a été le second des moments les plus enchanteurs de ma vie (le premier étant celui où j'ai rencontré ma femme). Cette découverte a été une illumination, a balayé tous les nuages, et j'ai entendu chanter le chœur des anges.

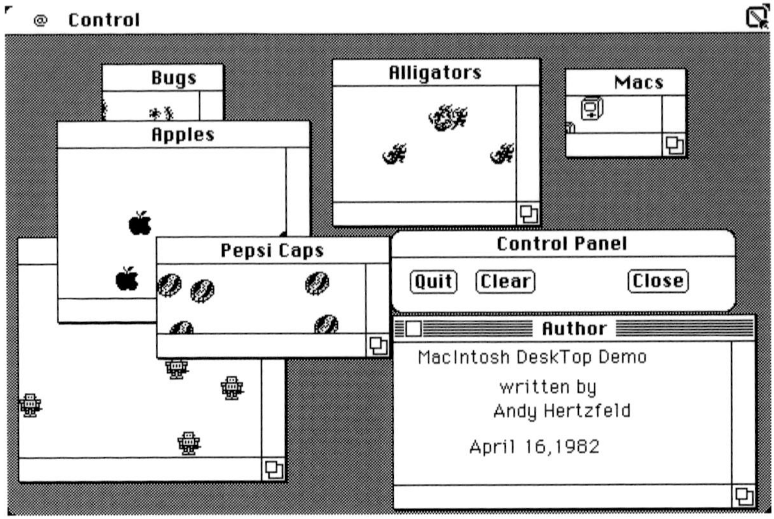

Le premier Macintosh

Revenons dans le temps et regardons les deux caractéristiques qui rendaient le Macintosh si *cool*. D'abord, il était capable d'afficher des images animées. Pour illustrer cette fonctionnalité impressionnante, Andy Hertzfeld, le magicien du logiciel de la division Macintosh, avait créé un programme qui faisait sautiller des bouchons de Pepsi. Steve Jobs utilisera par la suite le programme d'Andy pour convaincre John Sculley, le P-DG de Pepsi, d'« arrêter de vendre de l'eau sucrée » et de rejoindre Apple. Cette application paraît simple de nos jours, mais à l'époque, des icônes en mouvement à l'intérieur d'une fenêtre, c'était magique.

Ensuite, grâce à un programme qui s'appelait MacPaint, les gens pouvaient dessiner des images comme la Geisha de Susan Kare, l'artiste du département. Quand Boich m'a montré ce dont MacPaint était capable, j'en suis tombé à la renverse. À l'époque, ce que l'on pouvait réaliser de mieux en matière d'image sur un ordinateur personnel consistait à assembler comme on le pouvait des lettres et des chiffres. Avec un Macintosh, n'importe qui pouvait créer des schémas, voire une œuvre artistique.

Copie d'écran MacPaint

En quelques minutes, la démo de Boich m'a convaincu de deux choses : premièrement, que le Macintosh allait rendre les gens plus créatifs et plus productifs qu'ils ne s'étaient jamais imaginés l'être ; et deuxièmement, que je voulais travailler chez Apple. Boich m'a trouvé un poste dans la division Macintosh et ma mission a été de convaincre les développeurs de créer des produits compatibles avec le Macintosh. J'ai déployé ma ferveur et mon zèle pour qu'ils croient au Macintosh autant que moi.

Cet emploi marque le début de vingt-cinq ans de fascination pour l'art de l'enchantement. Je définis l'*enchantement* comme le processus de séduire les gens grâce à un produit, un service, une organisation ou une idée. L'enchantement entraîne une adhésion dans la durée, au bénéfice de toutes les parties concernées.

Bon voyage !

Ce livre s'adresse à ceux qui voient la vie comme un champ de possibles. Ils contribuent à travers une cause (un produit, un service, une organisation, ou une idée) à rendre le monde meilleur. Ils savent que dans un univers de *mass media*, de médias sociaux et de publicité, il faut davantage que des relations instantanées, superficielles et temporaires pour que les choses se fassent.

Je vous emmène dans un voyage initiatique sur la manière d'influer sur les sentiments, l'esprit et les actes. Voici notre itinéraire :

CHAPITRE 1 : L'ENCHANTEMENT, POURQUOI ?

Plus vos objectifs seront importants, plus il vous faudra agir sur les sentiments, l'esprit et les actes. C'est encore plus vrai si vous avez peu de ressources et de gros concurrents. S'il vous faut enchanter les gens, cela veut dire que vous faites quelque chose de réellement important. Si vous faites quelque chose d'important, il vous faut enchanter.

CHAPITRE 2 : COMMENT SE FAIRE AIMER

Une personne déplaisante vous a-t-elle jamais enchanté ? J'en doute. Si elle y est parvenue, je doute que l'enchantement ait duré. C'est pourquoi la première étape pour provoquer l'enchantement est de faire en sorte que les gens vous aiment. Pour cela, vous devrez accepter les autres et trouver en eux quelque chose à aimer.

CHAPITRE 3 : COMMENT CRÉER LA CONFIANCE

Une personne en qui vous n'aviez pas confiance vous a-t-elle jamais enchanté ? J'en doute aussi. Construire un rapport de confiance est la seconde étape. Les gens ont confiance en vous si vous connaissez votre affaire, si vous êtes compétent, si vous savez faire de plus grands gâteaux et créer des situations où tout le monde est gagnant – en bref si vous faites ce qu'il faut comme il le faut[7].

CHAPITRE 4 : COMMENT SE PRÉPARER

Les produits, services, organisations et les idées remarquables enchantent. Pas les foutaises. La condition pour enchanter les gens, c'est de créer quelque chose d'étonnant, de communiquer avec concision et simplicité et en des termes compréhensibles, ainsi que de travailler comme un fou pour arriver sur le marché avant les concurrents.

CHAPITRE 5 : COMMENT RÉUSSIR UN LANCEMENT

Les super enchanteurs sont productifs. C'est ce que Richard Branson et Steve Jobs font mieux que personne. Toujours. Défendre son idée suppose que l'on rallie les gens à sa cause, qu'on obtienne d'eux qu'au moins ils essaient, et qu'on s'appuie sur les premiers utilisateurs pour contribuer à répandre la bonne parole.

CHAPITRE 6 : COMMENT VAINCRE LES RÉSISTANCES

Les gens acceptent souvent des produits et services médiocres parce qu'ils sont très occupés ou ne savent pas qu'ils peuvent trouver mieux. Ce sont les raisons pour lesquelles vous allez rencontrer de la résistance au changement. La façon de vaincre ces résistances est de fournir la démonstration publique ou « preuve sociale » que vous faites mieux, de créer du consensus et d'enchanter tous ceux qui ont de l'influence.

---

7 NDT : Guy Kawasaki utilise souvent cette image pour illustrer l'extensibilité du marché et la possibilité pour tous les acteurs d'en avoir leur part : « Faites un plus gros gâteau – ne coupez pas le même gâteau différemment. La meilleure légitimité d'un accord de distribution est d'étendre la part de marché des deux parties le plus rapidement possible. Par exemple, Pixar fait de bons films et Disney fournit une bonne distribution. À eux deux, ils ont un gâteau qui est beaucoup plus grand pour les deux entrprises. » (Guy Kawasaki, *La Réalité de l'entrepreneuriat*, Les Éditions Diateino, 2009).

CHAPITRE 7 : COMMENT FAIRE PERDURER L'ENCHANTEMENT

L'enchantement est un processus, pas un événement. Vous voulez que vos efforts s'inscrivent dans la durée, et cela suppose que les gens intériorisent votre cause, vous paient de retour, et respectent leurs engagements. Cela contribue aussi à créer autour de votre cause un écosystème de revendeurs, de consultants, de développeurs et de groupes d'utilisateurs.

CHAPITRE 8 : COMMENT UTILISER LA TECHNOLOGIE *PUSH*

Vous êtes-vous demandé comment utiliser PowerPoint, Twitter, un e-mail, pour envoyer de l'information ? Ces outils vont vous permettre de raconter votre histoire aux gens que vous voulez enchanter. Ce chapitre vous explique comment vous y prendre en vous servant des technologies les plus récentes.

CHAPITRE 9 : COMMENT UTILISER LA TECHNOLOGIE *PULL*

À côté de la technologie *push*, il y a la technologie *pull*. C'est une façon d'amener les gens à votre histoire au lieu d'aller vers eux. Ce chapitre se concentre sur l'usage des sites web, des blogs, de Facebook, LinkedIn et YouTube pour enchanter les gens et les encourager à venir à vous.

CHAPITRE 10 : COMMENT ENCHANTER VOS EMPLOYÉS

L'enchantement n'est pas seulement une activité dirigée vers l'extérieur ; vous devriez également l'utiliser à l'égard de vos employés. Donnez-leur la possibilité d'exercer leur talent, de l'autonomie dans leur travail et la chance de réaliser un objectif positif, c'est ainsi que vous pourrez les enchanter.

CHAPITRE 11 : COMMENT ENCHANTER VOTRE CHEF

Imaginez que vous travailliez pour quelqu'un que vous avez enchanté. Vous y gagnez liberté, flexibilité, argent et un mentor. Pour enchanter son chef, il faut redéfinir ses priorités pour contribuer à son succès – mais le jeu en vaut la chandelle.

CHAPITRE 12 : COMMENT RÉSISTER À L'ENCHANTEMENT

Tous les enchanteurs n'ont peut-être pas votre intérêt à cœur. La capacité à résister à l'enchantement est donc un talent précieux qui implique de se garder des tentations, de voir plus loin dans le futur et d'être capable de se faire l'avocat du diable. Après avoir lu ce chapitre, il se pourrait même que vous soyez capable de résister aux produits d'Apple.

Démarrons

La lecture de ce livre vous communique l'expérience que j'ai acquise en tant qu'évangéliste, entrepreneur et capital-risqueur et vous aide à faire de votre « Macintosh » un succès. Je vous transmets mon savoir pour que vous puissiez changer le monde. Il n'est pas de plus grande récompense pour un auteur que celle de voir comment les gens tirent parti de son travail, et c'est pourquoi il me tarde de commencer.

Chapitre 1

L'enchantement, pourquoi ?

On doit d'abord connaître ce que l'on veut exprimer.

Vincent van Gogh

Le monde ne va pas se presser à votre porte pour une souricière géniale[1]. En fait, plus la souricière est géniale, plus il sera difficile aux gens de l'adopter parce qu'elle sera trop différente de ce à quoi ils sont habitués. Ce chapitre explique ce qu'est l'enchantement, quand et pourquoi il est nécessaire, et l'éthique des enchanteurs.

1 NDT : Allusion à un exemple de produit créatif, mais absurde, évoqué dans *La Réalité de l'entrepreunariat* : « Supposons que vous ayez inventé le piège à souris le plus génial du monde. Il tue les souris mieux que n'importe quoi dans l'histoire de l'humanité : en fait, c'est un engin nucléaire. Le problème est que le client a besoin d'avoir fait un doctorat pour le mettre en marche, il coûte 500 000 dollars et il vous oblige à jeter les souris radioactives à 750 kilomètres au milieu du désert. Feriez-vous tout cela ? Non, donc n'attendez pas de vos clients qu'ils le fassent. »

Qu'est-ce que l'enchantement ?

De 1987 à 1989, lorsqu'elle était dans le Peace Corps, l'auteur et cinéaste Karin Muller creusait des puits et construisait des écoles dans un village aux Philippines. Une nuit, dix-sept membres de la New People's Army[2] (NPA), la branche armée du parti communiste des Philippines, se sont introduits dans sa hutte pour la soumettre à un interrogatoire. Plus tôt ce jour-là, les habitants du village l'avaient prévenue de ce qui devait arriver et elle s'était procuré deux denrées précieuses : du sucre et du café.

Quand la NPA est arrivée, elle s'est exclamée : « Dieu merci, vous êtes enfin là ! J'ai attendu toute la journée. Vous voulez un café ? Laissez vos armes à la porte. » Sa réaction désarçonna le chef du groupe, mais il se défit de son arme et s'assit pour prendre une tasse de café. Elle évita l'interrogatoire ou pire, parce que, selon Karin Muller, « il n'est pas possible d'interroger une personne avec qui on prend un café ».

Karin Muller n'a pas réagi par la colère, l'indignation ou la panique (ce qui aurait été mon cas). Au lieu de cela, elle a touché une corde sensible chez le chef du groupe et transformé la situation, la faisant passer de la force brute et de l'intimidation à la conversation et à la communication. Elle l'a charmé par son hospitalité inattendue, transformant ses sentiments, son état d'esprit et ses actes.

Bref, elle l'a enchanté.

L'enchantement peut survenir dans les villages, les boutiques, les commerces, les bureaux, les conseils d'administration et sur Internet. Il provoque un changement voulu des sentiments, des esprits et des actions. C'est plus que le fait de manipuler les gens pour les faire abonder dans son sens. L'enchantement transforme les situations et les relations. Il convertit l'hostilité en politesse. Il façonne la politesse en affinité. Il transforme les sceptiques et les cyniques en adeptes.

---

2 Le Bagong Hukbong Bayan ou Nouvelle Armée Populaire.

Quand l'enchantement est-il nécessaire ?

Il y a de nombreuses méthodes confirmées pour gagner un dollar, un yuan, un euro, un yen, une roupie, un peso ou une drachme. L'enchantement relève d'une autre logique : votre objectif n'est pas d'obtenir de l'argent ou de manipuler les gens, mais de les combler de joie. Voici des situations où l'enchantement est essentiel :

- **Viser des résultats nobles et idéalistes.** Vous voulez changer le monde ? Changer les chenilles en papillons ? Pour cela, il faut plus que des relations ordinaires. Il vous faut convaincre les gens de rêver le même rêve que le vôtre.
- **Prendre des décisions inhabituelles et difficiles.** Plus le changement est difficile, plus le besoin d'enchantement est important. Le coût, le risque et la politique sont des sources de conflits. Si le changement est une grosse affaire, alors c'est une grosse affaire de le faire advenir.
- **Remettre en cause des habitudes bien établies.** La plupart du temps, les habitudes simplifient la vie et permettent de prendre de bonnes décisions rapidement et en toute sécurité. Mais elles peuvent aussi empêcher l'adoption d'une idée nouvelle remettant en cause le *statu quo*. L'enchantement laisse entrevoir la possibilité du changement.
- **Se méfier de la foule.** La foule n'est pas toujours sage. Elle peut vous conduire sur la voie de la stupidité et de choix médiocres ou à la destruction pure et simple. L'enchantement est nécessaire aussi bien pour que les gens se démarquent de la foule que pour qu'ils la rejoignent.
- **Avancer en dépit du retard ou de l'absence de feedback.** Un haut niveau d'engagement est nécessaire quand le feedback est rare ou indisponible, et il faut beaucoup de temps pour voir le résultat de vos efforts. Un intérêt et un soutien modérés ne suffisent pas. Il vous faut charmer les gens pour qu'ils vous restent fidèles. Par exemple, il faut avoir la foi pour travailler dans une société de biotechnologie, parce que la commercialisation de nouveaux médicaments peut prendre des années.

Ces cas de figure vous sont-ils familiers ? Certainement, car ils se présentent toutes les fois que quelqu'un essaie de rendre le monde meilleur.

À quoi pensent les gens ?

Au cours des années 1980, Apple n'a pas réussi à vendre le Macintosh aux entreprises. Le défaut capital de notre approche était que nous ne comprenions pas l'état d'esprit de nos clients potentiels. En fait, nous considérions qu'ils devaient nous laisser le soin de penser pour eux.

Nous étions si enchantés par notre produit que nous ne pouvions pas comprendre pourquoi tout le monde ne le serait pas. C'est là que j'ai appris qu'il faut comprendre ce que les gens pensent, ce qu'ils éprouvent et ce à quoi ils croient pour parvenir à les enchanter.

Le truc est de vous imaginer que vous êtes la personne que vous voulez enchanter et de vous poser les questions suivantes. Si vous n'êtes pas capable d'y répondre, n'espérez pas que votre enchantement va fonctionner.

- **Que souhaite cette personne ?** Vous ne pouvez lui en vouloir de se poser des questions sur vos intentions. Cela ne veut pas dire que vous n'en tirerez aucun bénéfice, mais il vous faut révéler vos motivations pour la mettre en confiance.
- **Le changement en vaut-il la peine ?** L'étape suivante est d'aider cette personne à comprendre le lien entre vos objectifs et les siens. Les avantages du changement doivent l'emporter sur les coûts associés à ce changement ou sur les avantages à laisser les choses comme elles le sont. Le fait que vous pensiez que le changement vaut le coup ne suffit pas ; l'interlocuteur que vous cherchez à enchanter doit aussi en être convaincu.
- **Puis-je changer ?** Même si le changement vaut le coup, cette personne peut-elle le mettre en œuvre ? Parmi les obstacles au changement, il y a le prix, l'effort et le risque attachés à ce changement. La personne peut avoir des doutes sur sa capacité à changer, même si elle le désire ou pense que cela en vaut la peine.

Pour nous, chez Apple dans les années 1980, notre motivation était de vendre des ordinateurs. Nous croyions qu'il valait la peine de se convertir au Macintosh en raison des gains en productivité et créativité. Mais nous avions sous-estimé la difficulté qu'il y avait à modifier les pratiques en entreprise et l'idée que le Macintosh, bien que facile d'utilisation, était faible en puissance de traitement informatique.

En vous mettant à la place de ceux que vous chercherez à enchanter, vous pourrez évaluer l'importance du changement qu'il entraînera. Il faut parfois des semaines ou des mois pour que l'enchantement agisse, donc préparez-vous à un marathon, et non à un sprint.

Où sont les limites ?

L'enchantement ne consiste pas à faire les choses à sa façon dans son propre intérêt. Au contraire, si vous voulez que l'enchantement perdure, il faut que d'autres en tirent bénéfice également. Vous devez aussi tracer une ligne claire entre les activités éthiques et celles qui ne le sont pas. Voici une manière empirique de déterminer de quel côté de la ligne vous vous trouvez :

- **Êtes-vous en train de demander aux autres une chose que vous ne feriez pas ?** Ce serait de la manipulation ou de la contrainte, non de l'enchantement, et cela ne marche pas sur la durée.
- **Y a-t-il un conflit d'intérêts ?** L'enchantement persiste si vos intérêts sont alignés sur ceux des autres. Cet alignement rend l'enchantement à la fois éthique et plus agréable. Si vos intérêts ne sont pas alignés, ajustez-les ou repensez le marché envisagé.
- **Avez-vous dissimulé vos conflits d'intérêts ?** Même si vos intérêts sont alignés – selon vous, en tout cas –, vous devez révéler quel est l'enjeu pour vous en tant qu'employé, actionnaire ou autre. On n'en dit jamais trop.
- **Êtes-vous en train de faire un « pieux mensonge » ?** La pente est glissante quand le paysage dans son ensemble ou la poursuite d'un bien plus important semble justifier les moyens. Mais le « pieux mensonge » n'existe pas. Il y a des mensonges et des vérités – et rien entre les deux.

- **Êtes-vous en train d'enchanter des gens crédules ?** Enchanter des gens crédules – des gens qui n'ont pas la capacité à discerner la vérité ou à savoir ce qui est le mieux pour eux – est immoral. Berner les gens crédules est facile et on le voit tous les jours, mais ne prenez pas cela pour un succès. De plus, enchanter les gens crédules n'améliore pas vos aptitudes. Cela vous donnera une sensation fallacieuse de compétence et vous transformera peut-être en escroc.

Si vous répondez « oui » à l'une de ces questions, c'est que vous êtes un enchanteur sans moralité. Cela peut marcher pendant un petit moment, mais vous serez rattrapé par votre karma. Voyez-y l'occasion de transformer votre enchantement et de quitter le côté obscur.

Exemples et comment utiliser ce livre

La psychologie béhavioriste est la science qui consiste à fabriquer des habitudes chez les rats. **Douglas Busch**

Alors que j'écrivais *L'Art de l'enchantement*, j'ai lu des douzaines de livres sur l'art de persuader, influencer et courtiser. Beaucoup de ces livres renvoient à des études de psychologie destinées à prouver la valeur de techniques diverses et variées. Quand je l'ai pu, j'ai lu les rapports et documents originaux qui m'ont appris ceci :

- Dans beaucoup de ces recherches, les étudiants étaient les sujets de l'expérience. Quand ce n'étaient pas des étudiants, c'étaient des rats ou des souris. Ces étudiants constituent un petit segment de la population, et gagner quelques dollars ou recevoir des unités de valeur était souvent leur motivation. Le résultat de ces recherches peut s'appliquer au monde réel, mais ne le prenez pas pour acquis.
- Les scientifiques cherchaient la différence «statistiquement significative » entre un groupe de contrôle et un groupe expérimental, une différence qui pouvait relever du hasard. Leur question essentielle était : « Si nous devions réaliser à nouveau cette étude, quelles seraient nos chances d'avoir le même résultat ? »

L'importance statistique, cependant, ne révèle pas toujours l'importance de la différence entre les deux groupes. Les scientifiques appellent cette différence « l'effet d'échelle ».

- Les gens qui ont conduit cette recherche étaient des scientifiques, et ces personnes essayaient de comprendre et d'expliquer. Ils s'inquiétaient de réaliser une bonne étude scientifique : le contrôle des variables, l'objectivité, la reproductibilité, la célébrité et le financement.

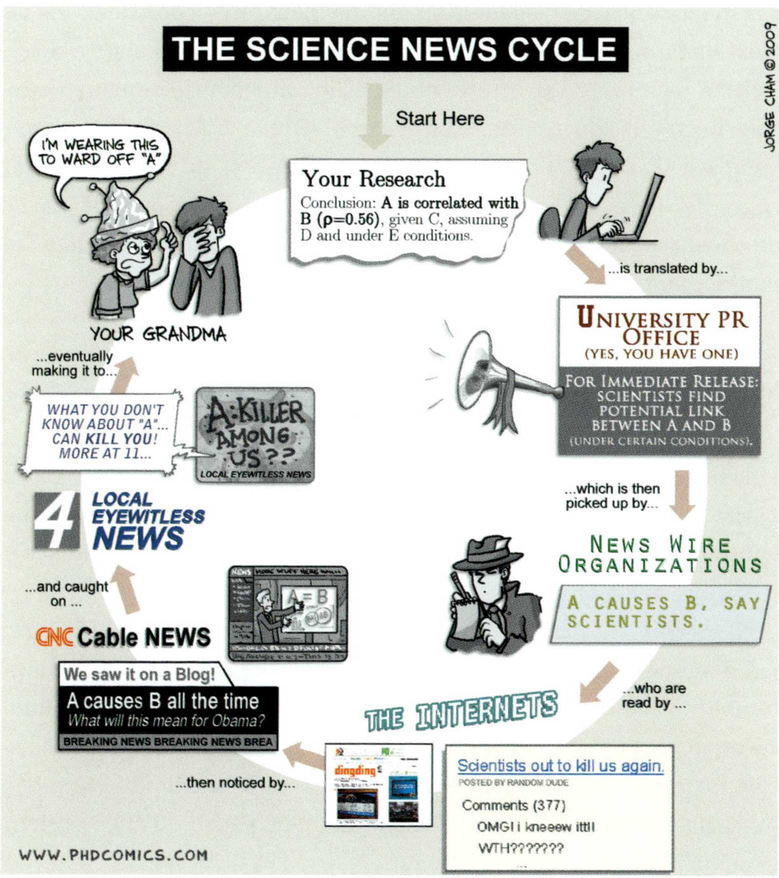

Vous n'êtes probablement pas un scientifique. Vous n'avez probablement rien à faire d'un savoir statistiquement significatif qui résiste à l'examen de vos pairs. Vous êtes très probablement concerné par un effet d'échelle important. Et même si vous préférez les contrôles scientifiques, regardons la réalité en face : les contraintes de temps, les réactions liées à la concurrence, la saisonnalité, les variations d'humeur des consommateurs et des directeurs paumés vous occupent déjà suffisamment.

La vérité est celle-ci. La preuve scientifique irréfutable de bien des techniques de l'enchantement ne peut être confirmée, et ce n'est pas un problème, parce que la bonne attitude consiste à dire : « Cette technique est intéressante. Elle vaut peut-être pour nous. Voyons si elle fonctionne. » La façon d'utiliser *L'Art de l'enchantement* est d'essayer des idées, de les modifier et de les adapter en cours de route, de laisser tomber celles qui ne fonctionnent pas et de conserver les autres. Je vais vous montrer comment changer le monde, non comment le comprendre.

Histoires personnelles

Une de mes lectures préférées dans les articles de magazines est la petite histoire dans l'histoire, qu'on appelle un encart ou une bulle. Quand c'est bien fait, ces histoires sont comme une boule de glace à la vanille sur une tranche de tarte aux pommes.

Alors que j'étais en train de terminer la rédaction de ce livre, j'ai demandé que l'on m'envoie des exemples personnels d'enchantement. Tous les chapitres se terminent par ces histoires et illustrent, avec les mots de ces personnes, des cas d'enchantement réels. Ces histoires sont souvent en relation avec le thème du chapitre, mais pas toujours. Parfois, j'ai simplement pensé qu'elles étaient sympathiques.

Mon histoire personnelle, par Eric Dawson

Eric Dawson est un senior manager pour les comptes stratégiques dans le domaine de l'enseignement supérieur chez Apple à Oklahoma City dans l'Oklahoma. Dans cette histoire personnelle, il explique comment un Macintosh l'a enchanté alors qu'il vivait une tragédie.

MON HISTOIRE RACONTE POURQUOI JE TRAVAILLE POUR APPLE. En 1996 mon fils, Seth, est né porteur d'une maladie neurologique mortelle appelée la lissencéphalie. Il ne pouvait ni marcher, ni parler ni s'asseoir, et nous devions l'alimenter par sonde. Nous ne pouvions pas lui faire comprendre la relation de « cause à effet » entre les choses.

J'ai mis Seth devant un Macintosh Performa où tournait une application connectée à une manette de jeu. Elle jouait *The Lion King* pendant une minute et ensuite l'ordinateur s'arrêtait. Pour recommencer, il fallait tapoter la manette de jeu.

Un jour, je suis entré dans la chambre sans qu'il s'en aperçoive et je l'ai vu en train de s'exercer tout seul à toucher la manette. C'est le moment de ma vie où j'ai éprouvé le plus de fierté. Je suis allé travailler pour Apple un mois après. Seth est mort quinze jours plus tard, mais il avait accompli sa mission. Depuis, en tant qu'employé chez Apple, je m'emploie à donner aux clients le pouvoir de s'accomplir.

Chapitre 2
Comment se faire aimer

Certains créent le bonheur où qu'ils aillent,
d'autres partout d'où ils partent.

Oscar Wilde

Maintenant que vous comprenez l'importance de l'enchantement, il convient de construire les bases pour sa mise en œuvre. La première étape est de se faire aimer, car les crétins n'enchantent que rarement. Il est exact qu'une cause magnifique peut triompher d'une personnalité revêche, mais pourquoi rendre les choses plus difficiles ? Ce chapitre explique comment vous rendre plus sympathique.

Se faire des pattes-d'oie

Voici les quatre aspects à surveiller afin de produire une première impression favorable : votre sourire, votre tenue, votre poignée de main et votre vocabulaire. D'abord, souriez aux gens. Qu'est-ce que cela vous coûte ? Rien. Qu'est-ce que cela vous coûte de ne pas sourire ? Tout, si cela vous empêche d'entrer en relation avec les autres. Alors que le sourire véhicule un message très clair sur votre état d'esprit, le fait de ne pas sourire ouvre la voie à de multiples interprétations. Vous avez mauvais caractère, vous êtes hautain, vous êtes en colère – et rien de tout cela ne vous aidera à enchanter les gens. Si vous ne croyez pas que sourire est utile, répondez à ces questions :

- Aimez-vous faire des affaires avec des râleurs ?
- Connaissez-vous quelqu'un qui aime cela ?
- Pensez-vous que les râleurs obtiennent ce qu'ils veulent ?

La recette d'un superbe sourire à la George Clooney est de penser à des choses agréables. Si vous êtes intérieurement maussade, il vous sera difficile d'avoir un sourire qui illumine une pièce. Au mieux, vous aurez un sourire forcé, et un sourire forcé ne vous fera pas aimer.

Le sourire forcé n'utilise que le muscle grand zygomatique – celui qui va de la mâchoire au coin de la bouche. Il est facile de contrôler ce muscle, et il permet de fabriquer ce sourire forcé qu'on appelait aussi le sourire « Pan American » (ainsi nommé parce qu'il paraît que les stewards et hôtesses de l'air de Pan American[3] n'étaient pas vraiment heureux de voir les passagers).

Un vrai sourire utilise aussi le muscle orbiculaire de l'œil. Ce muscle entoure les yeux, les fait se plisser et crée des pattes-d'oie. Un vrai sourire est si spécial qu'il a même un nom particulier : le sourire de Duchenne, en l'honneur du neurologue français, Guillaume Duchenne[4].

Donc quand vous rencontrez des gens, ayez des pensées agréables en tête, activez le muscle orbiculaire de l'œil et faites-vous des pattes-d'oie aussi profondes que le lit d'une rivière. Appelez-les « les lignes du rire » si cela vous aide. Et par égard pour votre sourire, laissez tomber les traitements au Botox et les liftings.

Habillez-vous comme les autres

Méfiez-vous de toute entreprise
qui requiert de nouveaux vêtements. **Henry David Thoreau**

Le deuxième aspect est votre tenue. C'est la seule occasion où vous voulez être comme les autres. Si vous êtes trop habillé, vous dites : « Je suis plus riche, plus puissant et plus important que vous. » Si vous ne l'êtes pas assez, vous dites : « Je ne vous respecte pas. Je m'habille comme je veux. » En vous habillant comme tout le monde, vous dites : « Nous sommes sur un pied d'égalité. » Ma recommandation est que vous mettiez votre *ego* au placard. Il n'est pas nécessaire d'en imposer et d'essayer de montrer aux gens que vous avez de l'argent, du pouvoir ou un goût parfait. L'objectif est de se faire aimer – non d'être supérieur.

3 Pan American World Airways (Pan Am) était une grande compagnie aérienne américaine entre 1930 et 1991.

4 Guillaume Duchenne (1806-1875) est souvent considéré comme le fondateur de la neurologie.

Cela dit, votre tenue ne peut être en contradiction avec vos idées. Par exemple, si vous êtes un penseur original, innovateur et révolutionnaire, un costume trois-pièces et un nœud papillon ne feront pas l'affaire. De la même façon, si vous avez un poste à responsabilités, un T-shirt et des jeans ne marcheront pas non plus.

S'habiller comme tout le monde tout en étant fidèle à son message peut créer un problème : que se passe-t-il si l'adéquation à l'auditoire est en conflit avec le message ? Par exemple, porteriez-vous des jeans ou un costume si vous avez un poste à responsabilités dans une société genre jeans-et-T-shirt ?

John Sculley a été confronté à ce problème quand il est arrivé chez Apple. Il a choisi d'adopter le look jeans malgré son statut. Je ne crois pas qu'il ait jamais été à l'aise en jeans et les employés ne l'ont jamais considéré comme l'un des leurs.

Si vous vous trouvez dans cette situation, voici deux recommandations : premièrement, demandez conseil aux salariés de l'entreprise. Au moins, cela montre que vous êtes assez intelligent pour poser la question et suffisamment flexible pour écouter – deux messages qui ont, en soi, de la valeur.

Deuxièmement, sauf dans les cas où ce serait suicidaire, habillez-vous de façon à vous sentir à l'aise. Il est difficile d'enchanter les gens quand on n'est pas à l'aise et de plus, les gens qui sont ce qu'ils sont et se fichent du reste ont quelque chose d'enchanteur.

Perfectionnez votre poignée de main

Le troisième aspect à soigner pour une première impression favorable est votre poignée de main. Heureusement, Geoffrey Beattie, chef du département de psychologie à l'université de Manchester, a trouvé la formule de la poignée de main parfaite :

PH = √ (e2 + ve2)(d2) + (cg + dr)2 + π{(4<s>2)(4<p>2)}2 + (vi + t + te)2 + {(4<c>2)(4<du>2)}2

Où *e* est le contact visuel (1 = aucun, 5 = direct), valeur optimale 5 ; *ve* est l'expression verbale de salutation (1 = complètement inappropriée, 5 = complètement appropriée), 5 ; *d* est le sourire de Duchenne – sourire avec les yeux et la bouche, avec symétrie des deux côtés du visage avec un début lent (1 = pas du tout le sourire de Duchenne ou sourire forcé, 5 = complètement Duchenne), 5 ; *cg* complétude de la prise (1 = très incomplète, 5 = complète), 5 ; *dr* est la sécheresse de la main (1 = humide, 5 = sèche), 4 ; *s* est la force (1 = faible, 5 = forte), 3 ; *p* est la position de la main (1 = dos de la main tourné vers soi, 5 = dos de la main dans la zone de la personne en face), 3 ; *vi* est la vigueur (1 = trop faible/trop importante, 5 = intermédiaire), 3 ; *t* est la température des mains (1 = trop froide/trop chaude ; 5 = intermédiaire), 3 ; *te* est la texture des mains (1 = trop rugueuse/trop douce, 5 = intermédiaire), 3 ; *c* est le contrôle (1 = bas ; 5 = élevé), 3 ; et *du* est la durée (1 = brève ; 5 = longue), 3[5].

Si vous n'avez pas un diplôme de maths, laissez-moi vous traduire cette équation en langage de tous les jours :

- Gardez le contact visuel pendant toute la poignée de main.
- Prononcez les mots de salutation appropriés.
- Faites un sourire de Duchenne.
- Saisissez la main de la personne et serrez-la avec fermeté.
- Restez à une distance raisonnable de l'autre personne : trop près peut la mettre mal à l'aise et trop loin peut lui faire sentir votre détachement.
- Assurez-vous que votre main est tiède, sèche et lisse.
- Serrez avec une vigueur moyenne.
- Ne faites pas durer la poignée de main plus de deux ou trois secondes.

Nous en avons presque terminé avec la création d'une excellente première impression. L'étape suivante consiste à travailler sur les mots à utiliser lorsque vous parlez aux autres.

---

5 « Scientists Devise Guide to the Perfect Handshake », Physorg.com (blog), 16 juillet 2010, www.physorg.com/news198475137.html.

Ayez le bon vocabulaire

Le quatrième aspect est le vocabulaire. Les mots sont le visage de votre esprit : ils communiquent votre attitude, votre personnalité et vos idées. Les mots mal choisis font une mauvaise impression, donc tenez compte de ces recommandations :

- **Utilisez des mots simples.** Si vous avez utilisé des mots dont il faut rechercher le sens dans un dictionnaire ou sur Wikipédia, vous avez échoué. Comme le dit le proverbe danois : « Les grands mots accompagnent rarement les grands exploits. »
- **Utilisez la forme active.** Considérez l'impact de ces deux expressions : « Choisissez un vocabulaire adapté », et « un vocabulaire adapté doit être utilisé par vous ». La forme passive est molle et inefficace. Les enchanteurs utilisent la forme active.
- **Soyez bref.** J'écoute depuis dix ans le pitch des entrepreneurs et je n'en ai jamais entendu un qui soit trop court. Si les gens sont intéressés, ils demanderont des informations supplémentaires. S'ils ne le sont pas, plus d'information ne va pas les faire changer d'avis, donc n'hésitez pas à faire court.
- **Utilisez des analogies communes et sans équivoque.** Les gens utilisent communément deux types d'analogies : la guerre et les sports. Peu de gens ont connu la guerre, mais ils vous diront qu'elle véhicule une image de confusion, de mort et de souffrance plutôt que de gloire, de victoire et de leadership. De plus, dans les guerres, il y a un vainqueur et un vaincu, alors que l'objectif de l'enchantement est la satisfaction mutuelle. Enfin, les analogies liées à la guerre sont inefficaces quand il s'agit d'enchanter les femmes.

  Les analogies avec le sport, en revanche, sont efficaces parce que beaucoup de personnes, hommes ou femmes, pratiquent un sport. Il reste que les sports diffèrent selon les pays – essayez de donner une analogie avec le cricket à des Américains[6], de dire « *It's third down and ten, so we need to go deep*[7] » à des Indiens, ou « *We'll*

6 Je ne connais même pas assez de choses sur le cricket pour donner un exemple !

7 NDT : « Troisième essai et 10, nous devons prendre des risques et jouer en profondeur » (merci à Paul Gassée pour cette suggestion !).

deke the competition and go topshelf[8] » à des Sud-Américains. Dans le doute, utilisez des analogies propres à la culture de votre auditoire ou tenez-vous-en à des analogies communes ayant trait aux enfants ou à la vie de famille.

Il est fréquent qu'en se présentant les gens soient négligents dans le choix de leurs mots ou de leur tenue. La liste des éléments fondamentaux est maintenant complète : sourire, tenue, poignée de main et vocabulaire. Nous pouvons passer à l'attitude.

Acceptez les autres

Si vous voulez que les gens vous aiment, il faut qu'ils vous acceptent. Pour qu'ils vous acceptent, il faut que vous les acceptiez. Voici quatre observations qui vous aideront à accepter les autres au cas où vous auriez des difficultés dans ce domaine :

- **Les gens ne sont pas binaires.** Les individus ne sont pas des uns ou des zéros, intelligents ou idiots, intéressants ou sans intérêt. Chacun a ses forces et ses faiblesses, des côtés positifs et négatifs, des compétences et des insuffisances.
- **Il y a toujours quelqu'un de meilleur que vous en quelque chose.** Les gens qui n'acceptent pas les autres se croient souvent supérieurs à tout le monde. Mais personne n'est supérieur à tout le monde en tout. Il se peut que vous soyez un riche banquier d'investissement, mais la personne que vous regardez de haut est peut-être un enseignant remarquable.
- **Les gens ont plus de similitudes que de différences.** À la base, presque tout le monde a envie d'élever une famille, de faire quelque chose qui a du sens et de jouir de la vie. C'est vrai, quels que soient les races, les cultures, les croyances, les couleurs et les pays. Avec un peu d'attention, vous découvririez que vous avez beaucoup de choses en commun avec les gens que vous n'aimez pas.

8 NDT : « Nous allons feinter notre compétition avant de marquer pleine lucarne » (merci à Paul Gassée pour cette suggestion !).

- **Les gens méritent qu'on leur donne une chance.** La personne stressée et désorganisée qui n'a pas les mêmes priorités que les vôtres a peut-être un enfant autiste, un conjoint abusif, des parents qui vieillissent ou un cancer. Ne jugez pas les gens avant d'avoir parcouru un kilomètre dans leurs pompes. Donnez-leur plutôt une chance.

La mort efface les différences – et nous mourrons tous égaux en devenant un tas de tissus, d'os et de fluides. Tant que nous vivons, nous devons nous dépasser et accepter les autres si nous voulons les enchanter.

Rapprochez-vous

Les gens que vous aimez sont-ils ceux que vous voyez tout le temps ? Ce qui se passe est peut-être différent. C'est peut-être parce que vous les voyez souvent que vous en êtes arrivé à les aimer.

La proximité et un contact fréquent augmentent vos interactions, et votre relation peut plus facilement passer du stade de connaissance à celui d'ami en raison de ces rencontres informelles et spontanées. En d'autres termes, la présence renforce l'affection.

Malheureusement, les grandes sociétés, les organisations virtuelles et la communication numérique travaillent à l'encontre de la proximité physique. L'interaction électronique/virtuelle/numérique entretient les relations, mais rien ne vaut les rencontres en tête à tête pour créer des liens. C'est une raison majeure pour se lever de sa chaise et sauter à pieds joints dans le monde analogique.

Des sociétés comme Zappos, qui vend des chaussures en ligne, ont trouvé des moyens de combattre l'isolement. Par exemple, les employés de Zappos travaillent en *open space*, avec très peu de murs, mais ces murs sont personnalisés à l'extrême. Zappos a transformé les entrées et sorties des employés de son bâtiment à Las Vegas en sorties de secours seulement, ce qui fait que les gens se rencontrent dans les bousculades à l'entrée principale.

Zappos a même numérisé la proximité pour ses salariés nomades. Une fois que les employés ont entré leur nom et leur mot de passe dans l'ordinateur, un logiciel leur présente la photo d'un collègue choisi au hasard. Les employés ont alors un test à choix multiples pour donner le nom de cette personne. Leur sélection terminée, le système affiche l'identité et la bio de la personne.

Les frères Brafman, dans leur livre *Click: The Magic of Instant Connections,* résument le principe de cette façon : « Le facteur le plus important qui permet de déterminer si vous êtes en relation ou non avec quelqu'un n'est ni la personnalité, ni des intérêts partagés – c'est la proximité[9]. » Donc debout et BVPE (baladez-vous pour enchanter).

9 Ori Brafman, Rom Brafman, *Click: The Magic of Instant Connections* [Cliquer : la magie des connexions intantanées], Broadway Business, New York, 2010, p. 61.

N'imposez pas vos valeurs

J'aimerais qu'on me prenne comme je suis. **Vincent van Gogh**

Un jour, un organisme de santé a essayé de dissuader les adolescents de fumer de la marijuana en leur disant que les jeunes qui en consommaient avaient cinq fois plus de chances d'avoir des relations sexuelles. Réfléchissez un instant : ce pitch encourage-t-il des adolescents à fumer cette herbe du diable ou les décourage-t-il ?

La réponse, au mieux, est celle-ci : « Pas clair. » Cet exemple illustre le danger de projeter ses valeurs sur les autres. Ce faisant, on peut arriver à des résultats inverses de ceux qu'on voulait obtenir. À tout le moins, le manque de tact peut froisser les gens.

Il y a peu d'exemples où, en imposant ses valeurs, on réussit quand même à enchanter les gens. On peut forcer leur soumission, mais ce n'est pas de l'enchantement, et on ne peut maintenir cette soumission que par de la force brute. Vraiment, les meilleurs enchanteurs savourent les différences entre les systèmes de valeurs des gens et choisissent un modèle d'inclusion.

Le positionnement de Facebook est un exemple de l'art de ne pas imposer des valeurs. Au début, le service s'adressait au marché de la jeunesse et à des étudiants. Avec le temps, Facebook a abandonné ce ciblage et a adopté un modèle inclusif en s'adressant à des individus de tous âges. Le résultat est que plusieurs générations sont maintenant sur Facebook et que celui-ci a plus d'utilisateurs que la population de la plupart des pays.

Poursuivez et projetez-vous dans vos passions

Dans le village d'Auvers-sur-Oise, à trente kilomètres de Paris, il y a une petite maison qui s'appelle l'auberge Ravoux. C'est là que

Vincent van Gogh a vécu avant de se suicider en 1890. Il a terminé soixante-quinze peintures au cours des derniers mois de sa vie dans ce village.

Le 21 juillet 1985, Dominique-Charles Janssens a eu un accident de voiture devant l'auberge Ravoux. Quand il a lu le compte-rendu d'accident, il a découvert l'importance du lieu et cela l'a intrigué, tant et si bien qu'en 1987, il a acheté la propriété. Au fil des années, sa famille a investi cinq millions d'euros dans sa restauration et il est aujourd'hui le président de l'Institut Van Gogh, l'organisme qui gère les lieux.

Dominique-Charles Janssens est historien, restaurateur et évangéliste de Van Gogh. Il a consacré sa vie à la préservation de sa mémoire et a fait d'un désir de Van Gogh une réalité : « Un jour ou l'autre, je crois que je trouverai le moyen d'avoir une exposition à moi dans un café. » Janssens vit et respire Van Gogh, et cela fait de lui un enchanteur de classe internationale. C'est la personne la plus passionnée que j'aie jamais rencontrée et pourtant j'ai rencontré des milliers de gens passionnés.

Dominique-Charles Janssens.

Dominique-Charles Janssens est un excellent exemple montrant comment la poursuite et la projection de ses passions peut faire de vous un enchanteur. Il y a des gens, comme lui, qui se consacrent à leur passion. D'autres y trouvent un supplément d'âme pour s'accomplir :

Nom	**Statut**	**Passions**
Scott McNealy	Cofondateur de Sun Microsystems	Hockey et golf. Il a construit une patinoire dans son jardin dans la Silicon Valley.
Bill Ford	Président du conseil d'administration de la Ford Motor Company	Taekwondo, hockey, et guitare folk (*Billy Got Back* est son plus gros succès).
Norio Ohga	P-DG de Sony	Opéra. Il a eu son boulot chez Sony après s'être plaint de la mauvaise qualité des magnétophones de la marque.
George S. Patton	Général de la US Army	Voile. Le bateau de Patton s'appelait le *When and If* (le *Quand et Si*), par allusion au « quand » il reviendrait de la Seconde Guerre mondiale, et « si » il en revenait.
Timothy Ferriss	Auteur de *La Semaine de travail en 4 heures**	*Breakdancing*, aussi étrange que cela puisse paraître.
Albert Einstein	Physicien	Violon : « Je sais que le plus de joie dans ma vie m'est venue de mon violon. »
Geena Davis	Actrice	Tir à l'arc. Elle était 24e des 300 femmes qui ont été admises aux épreuves de sélection pour intégrer l'équipe olympique américaine de tir à l'arc en 2000.
Guy Kawasaki	Bonne question	Hockey.

* Thimoty Ferriss, *La Semaine de travail en 4 heures,* Pearson Education, 2010.

Quelles sont vos passions ? Les enfouissez-vous ? Stop ! Dites au monde que vous adorez la cuisine, le hockey, la NASCAR[10], ou le tricot – ou quoi que vous aimiez –, parce que le fait que vous poursuiviez vos passions vous rend plus intéressant, donc enchanteur.

Trouvez des passions partagées

Deux savants anglais en sciences sociales, Neil Rackham et John Carlisle ont découvert que les meilleurs négociateurs passent 40 % de leur temps de préparation à se trouver des intérêts communs avec l'autre partie[11]. Investissez-vous autant d'efforts dans vos interactions avec les gens ?

La première étape pour se trouver des passions communes est de poursuivre et de se projeter dans ses propres passions, ainsi que je l'ai expliqué précédemment. Ensuite, vous pouvez accélérer cette recherche en prenant les mesures suivantes :

- **Prenez pour hypothèse que chacun a une passion.** Les gens ont tous une passion pour quelque chose. C'est votre boulot de le découvrir. De bons points de départ sont les enfants, le sport, le voyage et la nourriture. Si une personne n'a pas de passion, il peut ne pas valoir la peine d'essayer de l'enchanter.
- **Prenez pour hypothèse que vous avez quelque chose en commun.** Si vous prenez pour hypothèse que vous partagez des intérêts avec les gens, vous les trouverez. Si vous partez de l'idée qu'il n'y en a pas, vous ne trouverez rien, parce que vous abandonnerez la partie trop facilement.
- **Faites vos recherches.** Un enchanteur qui réussit est quelqu'un d'appliqué. Autrefois, il fallait aller à la bibliothèque pour lire les anciens

10 La NASCAR est la National Association for Stock Car Auto Racing, une entreprise organisant des courses automobiles.

11 Richard G. Shell, Mario Moussa, *The Art of Woo: Using Strategic Persuasion to Sell Your Ideas* [L'Art de courtiser : l'utilisation de la persuasion pour vendre ses idées], Portfolio, New York, 2007, p. 156.

numéros de journaux et de magazines et trouver des annuaires périmés pour s'informer sur les gens. Maintenant, vous pouvez faire une recherche sur eux par Google, lire leurs murs Facebook, accéder à leur profil sur LinkedIn ou voir leurs dernières opinions sur Twitter pour vous trouver des intérêts communs.

Se trouver des intérêts communs est une technique idéale pour développer des relations. Dans mon cas, si des étrangers me disent qu'ils jouent au hockey, mon seuil de résistance à leur pitch diminue, parce que nous avons quelque chose en commun. À tout le moins, je les respecte d'avoir fait l'effort de savoir quelle est ma passion.

Dans beaucoup de cas, je me suis trouvé à jouer au hockey avec eux et ensuite j'ai écouté leur pitch. J'ai découvert leur business et ils ont découvert que je suis bien meilleur évangéliste que joueur de hockey. Le fait est que les passions communes font tomber les barrières.

Créez des situations où tout le monde gagne

Les gens qui se font aimer créent des situations où chacun gagne. Neile McQueen Toffel, la première femme de Steve McQueen, a raconté cette histoire amusante à mon ami Jon Winokur, l'auteur du *Portable Curmudgeon*[12]. À la fin de 1963, Paul Newman, James Garner, Steve McQueen et Neile sont allés à une course de voitures à Riverside, en Californie.

Sur la route en rentrant à Los Angeles, Neile a eu besoin d'aller aux toilettes et a donc exigé qu'ils s'arrêtent à une station-service. Malheureusement, il y avait une longue file d'attente aux toilettes pour femmes, et Neile savait que ses compagnons seraient furieux parce qu'ils voulaient arriver avant l'heure de pointe.

12 NDT : John Winokur, *The Portable Curmudgeon* [L'Acariâtre portable], Plume, 1992.

Donc elle s'est plantée devant les filles qui faisaient la queue et leur a dit : « Vous savez qu'il y a une voiture pleine de stars de cinéma juste garée dans le virage ? »

« Qui ? » ont-elles demandé en chœur.

« Eh bien, il y a Steve McQueen, Paul Newman et James Garner ! » a répondu Neile.

Les filles se sont regardées, puis elles sont toutes parties en courant comme des folles vers la voiture. Neile n'a jamais raconté aux acteurs comment les filles les avaient découverts.

C'était une situation à trois gagnants : Neile, pour une raison évidente, les filles parce qu'elles ont rencontré des stars de cinéma et ces derniers, qui ont pu reprendre la route rapidement. Une façon de vous faire aimer est que tout le monde en sorte gagnant.

Jurez

Les mots tabous persistent parce qu'ils peuvent intensifier la communication émotionnelle à un niveau qu'on ne peut pas atteindre avec des mots non tabous. **Timothy Jay**

Le fait de jurer peut attirer l'attention, créer de la solidarité, démontrer la force, relâcher la tension et véhiculer un style informel ; cela peut accroître votre acceptation par tout le monde, sauf par les gens prudes. Par exemple, le 6 juin 2009, Leo Laporte, le fondateur d'un site d'informations en technologie appelé This Week in Technology[13] et Michael Arrington, le fondateur d'un autre site d'informations en technologie appelé TechCrunch, étaient en désaccord à propos d'un podcast appelé « The Gillmor Gang ». Leo a mentionné à quel point il aimait le nouveau téléphone de Palm, le Pre, et voici le contenu de leur conversation :

13 NDT : « Cette semaine dans la technologie. »

Arrington : Minute, minute. As-tu payé le Pre ? Il faut que les choses soient claires.
Laporte : On m'a confié un exemplaire de presse pour une semaine. Je ne pouvais pas en trouver un et malheureusement, je ne pense pas que je pourrai en avoir un. Je devais aller le récupérer cet après-midi.
Arrington : OK, donc tu as eu un Pre gratuit. Tu es l'une des rares personnes à avoir reçu un Pre.
Laporte : Pas du tout. Je crois qu'un bon nombre de critiques en ont un. Ouais, Scoble en a un. Mike, c'est vraiment con, et je suis vraiment écœuré que tu laisses entendre que ce Pre gratuit que j'ai rendu au bout de sept jours, cela m'aurait influencé. Je t'emmerde.
Arrington : Et qu'est-ce que tu vas faire ?
Laporte : Mike, tu n'es qu'un troll. Je t'emmerde. Je ne rigole pas. Je t'emmerde, connard, je t'emmerde.
Arrington : Tu ne parles pas sérieusement !
Laporte : Si, je suis très sérieux, Mike, ce sont des conneries.
Arrington : Pourquoi ce serait des conneries ?
Laporte : Je suis fou de rage. Je suis fou de rage que tu insinues que le fait d'avoir un exemplaire de presse m'ait influencé de quelque façon que ce soit. Je t'emmerde. Vas te faire foutre, mon gars.

Arrington savait parfaitement que les sociétés envoient leurs nouveaux produits à des gens comme Laporte. En fait, Arrington reçoit probablement autant de trucs que Laporte. Arrington était en train d'essayer de créer une polémique pour l'amour de l'art alors qu'il savait que Laporte n'avait rien fait d'inapproprié.

En parlant crûment, Laporte montrait qu'il était simplement un type normal qui n'allait pas se laisser faire. Au cours des jours qui suivirent, des centaines de gens ont écrit, lui exprimant leur soutien. Cela étant, si vous devez jurer, respectez les règles suivantes pour que cela ne se retourne pas contre vous :

- **Jurez rarement.** Les gens qui jurent tous les jours ont l'air vulgaire, et quand on les utilise à répétition, les injures perdent leur efficacité. Laporte jure rarement et donc l'auditoire a compris qu'il était contrarié par la déclaration d'Arrington.
- **Ne jurez que dans les cas d'hypocrisie, d'arrogance, d'inexactitude intentionnelle et de malhonnêteté qui se voient comme le nez au milieu de la figure.** En d'autres termes, vous n'avez pas l'habitude de jurer, mais vous ne pouviez pas vous contrôler dans certaines circonstances particulières. Les insinuations d'Arrington, par exemple, étaient hypocrites et inexactes et méritaient une réponse acerbe et non une réponse polie. (C'est ce qu'on appelle les jurons dysphémistiques, si vous voulez impressionner quiconque par votre savoir sur les subtilités de la langue profane[14].)
- **Ne jurez que si le public vous soutient.** Jurer fonctionne rarement si l'auditoire n'est pas favorablement prédisposé à votre égard ou à votre message. Cela se retourne généralement contre vous et ne fait que rendre un auditoire hostile plus hostile encore. « The Gillmor Gang show » tournait sur le site de Laporte et il en était l'hôte ce jour-là. La plupart des gens qui regardent le show sont là parce qu'ils l'aiment bien. Comme l'a montré la quantité des messages de soutien, l'auditoire était clairement du côté de Laporte.
- **Atténuez les insultes.** Utilisez des mots comme *foutaise* ou *ça craint,* qui sont suffisamment forts pour faire l'affaire mais sont moins susceptibles d'offenser les gens. Vous pouvez aussi faire comme moi et utiliser *bull shiitake*[15] qui est devenu mon juron de service – c'est techniquement une variété particulière de champignon bovin, non une insulte.

Jurer n'est pas sans risque, mais vous ne pouvez pas établir une relation avec les gens sans prendre de risque, donc lâchez une

---

14 Dr Steven Pinker, « The Stuff of Thought: Language as a Window Into Human Nature » [La matière de la pensée : le langage comme fenêtre ouvrant sur la nature humaine], 10 septembre 2008, www.youtube.com/watch?v=yyNmGHpL11Q.

15 Combinaison de deux mots, « *bull* » qui veut dire « taureau », et « *shiitake* », aussi appelé en français « lentin des chênes », qui est un champignon comestible d'Extrême-Orient.

bombe de temps en temps quand la situation s'y prête vraiment et voyez ce qui se passe. Cependant, ne jurez pas pour intimider ou humilier quelqu'un si vous voulez que le fait de jurer marche pour vous. C'est tout simplement inacceptable.

Un mot sur les jurons dans la bouche des femmes. En 2011, on est encore dans un monde où il y a deux poids deux mesures, et jurer est moins accepté pour les femmes que pour les hommes. Du coup, beaucoup de femmes ne se sentent à l'aise pour jurer qu'en présence d'autres femmes ou de leurs pairs. Mon conseil est de respecter les règles que je donne plus haut, mais pour le reste, foncez, parce que la meilleure façon de détruire l'inégalité est de la défier.

Dites « oui » par défaut

Enfin, la façon de se faire aimer est de dire oui. Cela veut dire que votre réponse aux demandes des gens est « oui ». Ne vous inquiétez pas : ce n'est pas une pratique risquée parce que la plupart des sollicitations au début d'une relation sont légères, simples et faciles.

Dire « oui » vous laisse le temps de voir venir, de regarder plusieurs options et de construire la relation. J'ai appris cela de l'as du *schmoozing*[16], Darcy Rezac, auteur de *The Frog and the Prince: Secrets of Positive Networking*[17]. Selon lui, le bon réseautage consiste à toujours penser à la manière d'aider les gens quand on les rencontre.

En revanche, un « non » stoppe tout. On ne va nulle part, on ne peut rien construire à partir de là, et aucune option supplémentaire

16 NDT : Le mot *schmoozing* vient du mot yiddish *shmuesn*. « Faire du *schmoozing* » – ou « *schmoozer* » – veut dire converser de façon informelle, sociale.

17 NDT : Dary Rezac, Judy Thomson, Gale Hallgren, *The Frog and Prince: Secrets of Positive Networking To Change Your Life* [La Grenouille et le Prince : secrets du réseautage positif], Frog and Prince Networking Corporation, 2003.

n'est disponible. On ne saura jamais ce qu'il aurait pu advenir de la relation si on ne permet pas qu'elle commence. Au moins, pensez « pas encore » au lieu de « non ».

Pour que le « oui » par défaut fonctionne, il faut prendre pour hypothèse que les gens sont raisonnables, honnêtes et reconnaissants. Tout le monde n'est pas toujours raisonnable, honnête ni reconnaissant, mais la plupart des gens le sont. On peut vivre sa vie ainsi : en pensant que les gens sont méchants tant qu'ils n'ont pas prouvé qu'ils sont bons, ou en pensant qu'ils sont bons tant qu'ils n'ont pas prouvé qu'ils sont méchants.

Croyez-moi : il y aura plus de gens pour vous aimer si vous croyez que les gens sont bons tant qu'ils n'ont pas démontré qu'ils sont méchants.

Mon histoire personnelle, par Fran Shea

Fran Shea est l'ancienne présidente de la chaine E ! Entertainment Television à Los Angeles en Californie. Dans cette histoire personnelle, elle explique en quoi l'aspect sympathique d'Howard Stern l'a enchantée.

TOUT A COMMENCÉ DANS L'ÉNERGIE DU DÉSESPOIR : C'ÉTAIT AU début des années 1990, je travaillais depuis douze mois sur le projet de programmation pour E ! Entertainment Television. J'en étais responsable et nous avions besoin d'un vrai bond en avant.
L'idée : *Le Howard Stern Show.* Les obstacles :

- Son succès à la radio était en train d'augmenter puisqu'il venait de lancer à Los Angeles une émission populaire. Ses émissions, basées à l'origine sur la côte est des États-Unis, se multipliaient, car son show était en diffusion simultanée dans un nombre croissant de villes. Il n'avait donc pas besoin sur son CV d'une association avec une start-up inconnue.
- Il était découragé par une tentative récente à la télévision, et avait été déçu par les producteurs et les dirigeants d'une station locale. Il était franchement dégoûté par la télévision.

- Il était extrêmement occupé. Il animait son show quatre ou cinq heures par jour, cinq jours par semaine, sans compter la production et les rendez-vous. Il était aussi très dévoué à sa famille.
- Il était à New York. E! était à Los Angeles.
- Il était mille fois trop cher pour notre petite chaîne câblée.
- Son agent était l'un des plus intelligents dans son domaine.

Nous avons organisé une réunion. Il y avait de la magie dans l'air. Howard était charmant. Il m'enchantait d'autant plus que je ne m'attendais pas à l'être, compte tenu de sa réputation. La réunion était marrante et l'ambiance légère. J'en étais surprise car, comme tout le monde, j'avais de lui l'image d'un provocateur. Howard était désarmant avec tout le talent d'un comédien expérimenté (ce qu'il est). Le personnage d'Howard masque son professionnalisme.

L'enchantement se présente sous de multiples déguisements, semble-t-il. Je n'avais d'autre choix dans la situation désespérée où j'étais que de présenter un super pitch. J'étais certaine de pouvoir éliminer ses objections au fait d'introduire son show radio à la télé. J'avais travaillé avec beaucoup de comédiens au cours des années comme productrice à HBO, et je pouvais voir qu'il était un artiste de grand talent.

Je me suis mise en mode « convaincre ». Il y avait entre nous une complicité tout à fait improbable. Je me souviens de grands éclats de rire quand nous avons commencé à travailler sur une éventuelle transaction. C'était surprenant : cette réunion était si importante pour moi, et pourtant, je m'amusais. Je suppose que c'était parce qu'une transaction était si improbable que cette réunion était si inhabituelle, si bon enfant, si « enchanteresse » !

Globalement, nous nous sommes mutuellement appréciés, et je crois qu'il a paru évident que nous pouvions faire ensemble quelque chose de « différent ». Au fil du temps, nous avons élaboré l'accord qui a contribué au succès de E !, et *The Howard Stern Show* a été diffusé pendant de nombreuses années sur E !

Chapitre 3

Comment créer la confiance

Toute vente est confrontée à cinq obstacles de base : inutile, trop cher, peut attendre, pas envie, pas confiance.

Zig Ziglar

Pour le nouvel enchanteur que vous aspirez à devenir, se faire aimer n'est que la moitié du chemin à parcourir pour gagner la bataille. La seconde moitié consiste à inspirer confiance car on peut aimer quelqu'un sans lui faire suffisamment confiance pour se laisser enchanter. Ce chapitre vous explique comment mériter et gagner une confiance véritable.

Faites confiance aux autres

Si Tony Hsieh, le P-DG de Zappos et l'auteur de *Delivering Happiness: A Path to Passion, Profits, and Purpose*[18], m'avait annoncé

18 Tony Hsieh, *Happiness: A Path to Passion, Profits and Purpose* [Apporter le bonheur : un chemin vers la passion, les profits et le dessein], Business Plus Import, 2010.

qu'il démarrait une société qui dépendrait du fait que des femmes achèteraient des chaussures sans les essayer, je lui aurais répondu qu'il était tombé sur la tête. Parce que je savais qu'il n'y avait aucune chance que ma femme achète des chaussures de cette manière. J'avais tort, car les boîtes de chaussures Zappos arrivent constamment chez nous, comme chez des milliers de femmes (et d'hommes).

Zappos s'est construit sur la confiance – une confiance mutuelle, en fait. Les femmes font confiance à la garantie de remboursement, et à l'absence de frais de livraison ou de réexpédition, et Zappos leur fait confiance pour ne pas abuser de ce privilège en retournant des chaussures utilisées.

Les gens qui ne font pas confiance aux autres ont souvent vécu des expériences négatives qui les ont rendus méfiants : « Tuer pour ne pas être tué. » Pourtant, si vous voulez que les gens vous accordent leur confiance, vous n'avez d'autre choix que de leur donner la vôtre.

Vous avez tout à y gagner. Quand les gens se font mutuellement confiance, ils ne trichent plus, passent outre leurs problèmes du moment et ont moins peur de se livrer. Les bons enchanteurs sont sympathiques, mais les enchanteurs remarquables sont sympathiques *et* dignes de confiance.

Comprenez bien : le premier pas est de faire confiance aux autres – Zappos l'a fait en se disant que ses clients n'abuseraient pas de la possibilité de renvoyer des chaussures sans frais. Le reste de ce chapitre vous explique comment accroître votre capacité à créer la confiance et, du coup, votre capacité à enchanter.

Soyez un *mensch*[19]

Nous devrions donner comme nous recevons, joyeusement, rapidement et sans hésitation ; car il n'y a pas de grâce à se cramponner au profit. **Sénèque**

Mensch est le terme allemand pour « être humain », mais la connotation en yiddish va beaucoup plus loin que cette définition. Si vous êtes un *mensch*, vous êtes honnête, juste, gentil et transparent, quelle que soit la personne ou la situation que vous rencontrez. Mon amie Bruna Martinuzzi, auteur de *The Leader as a Mensch: Become the Kind of Person Others Want to Follow*[20], a établi la liste des dix façons d'accéder au statut de *mensch*. Voici mon résumé de ses idées :

1. Agissez toujours honnêtement.
2. Traitez poliment les gens qui vous ont causé du tort.
3. Tenez les promesses que vous avez faites par le passé.
4. Aidez quelqu'un qui ne pourra jamais vous être d'aucune utilité.
5. Excluez les blâmes quand les choses vont mal et demandez : « Quelle leçon pouvons-nous en tirer ? »
6. Embauchez des gens qui sont aussi ou plus intelligents que vous et donnez-leur l'occasion de s'améliorer.
7. N'interrompez pas vos interlocuteurs ; n'écartez pas d'emblée leurs inquiétudes ; ne vous précipitez pas pour leur donner des conseils ; ne changez pas de sujet. Accordez-leur du temps.

---

19 NDT : La traduction française du mot yiddish « *mensch* » (« *menschen* » au pluriel) serait quelque chose comme « quelqu'un de vraiment bien ». Nous conservons ici le terme yiddish. À titre de rappel, l'art d'être un *mensch* est analysé au chapitre XI de *L'Art de se lancer*, du même auteur, également aux Éditions Diateino.

20 Bruna Martinuzzi, *The Leader as a Mensch: Become the Kind of Person Others Want to Follow* [Le Leader en tant que Mensch : devenez le genre de personne que les autres ont envie de suivre], Six Seconds, 2009.

8. Ne faites de tort à personne dans ce que vous entreprenez.
9. Ne soyez pas trop prompt à descendre les idées des autres.
10. Partagez votre savoir, votre expertise et vos bonnes pratiques.

Je veux ajouter deux points supplémentaires :

- **Faites preuve d'altruisme.** Un *mensch* cherche essentiellement par des actions positives à rendre le monde meilleur. Les gens n'accordent pas leur confiance à ceux qui n'agissent que par ambition personnelle tout en dénigrant les autres.
- **Accordez aux gens le bénéfice du doute.** Vous connaissez ma théorie selon laquelle les gens sont bons aussi longtemps qu'ils n'ont pas démontré qu'ils étaient mauvais. Je pense aussi qu'il faut des expériences réitérées pour confirmer que quelqu'un est mauvais. Le fond de ma pensée est que des gens bien peuvent mal agir en raison de circonstances que je ne comprends pas, mais que cela ne veut pas dire qu'ils sont mauvais.

Jon Winokur, l'auteur qui m'a raconté l'histoire de Neile McQueen Toffel confrontée à la file d'attente dans une station-service, est le coauteur de la biographie de James Garner[21]. (Les McQueen étaient des amis de Garner.)

Les coauteurs reçoivent généralement un paiement forfaitaire sans droits d'auteur pour ce genre de projet. Un jour, l'agent de Garner a appelé Winokur et lui a dit : « Jim m'a dit de vous dire qu'il voulait un partage à 50/50 sur tous les droits », et quelques semaines plus tard, Winokur a reçu le contrat déjà signé par Garner.

Winokur, *mensch* lui-même, a voulu remercier Garner de sa générosité. En réponse, Garner lui a demandé : « Quelle générosité ? »

Winokur s'est expliqué : « Vous venez de m'offrir un pourcentage important sur vos droits d'auteur alors que vous auriez pu vous contenter de ne m'en donner qu'une fraction. »

---

21 NDT : Jon Winokur, *James Garner: Memoirs of a Hollywood Maverick* [James Garner : Mémoires d'un non-conformiste à Hollywood].

« Vraiment ? a demandé Garner, pourquoi ne me l'avez-vous pas dit plus tôt ? » Bien sûr, Garner savait depuis le début ce qu'il faisait, mais il était trop élégant pour s'en prévaloir. En d'autres termes, Garner disait : « *Don't menschion it*[22]. »

Si vous voulez qu'on se souvienne de vous comme d'une personne qui a aidé les autres et fait du monde un monde meilleur, soyez un *mensch*. C'est aussi simple que cela.

Dévoilez vos intérêts

La révélation complète et immédiate de ses intérêts est une composante capitale dans la création d'un rapport de confiance. Comme je l'ai dit plus tôt, on se posera toujours des questions sur vos mobiles. Donc, réglez cela dès le départ.

La plupart du temps, personne ne s'inquiétera que vous soyez en situation de gains personnels ou de conflit d'intérêts si vous le précisez. Nous avons tous besoin de gagner notre vie. Mais les gens n'aiment pas découvrir *a posteriori* que vous aviez un intérêt personnel financier qu'ils ignoraient. Leur confiance en vous en sortira amoindrie. De plus, si vous essayez d'enchanter parce que vous êtes au service d'une cause que vous adorez, cette information devient du marketing intelligent. Cela signifie que vous y croyez tellement que vous avez choisi de travailler pour cette cause. Sur mon blog, je donne la liste des sociétés dans lesquelles j'ai investi ou que je conseille. J'appelle même cette liste « Alignement d'intérêts », par opposition à « Conflits d'intérêts », car je pense que mes intérêts sont alignés avec à la fois ceux de mes lecteurs et ceux de ces sociétés.

---

22 NDT : Invention verbale intraduisible en français. Pour répondre « de rien » dans ce contexte, on dit « *don't mention it* », le mot « mention » s'écrivant phonétiquement \əmen(t)-shən\ et étant donc très proche de la phonémique de *mensch* \ə men(t)sh\.

Donnez pour des raisons essentielles

Selon Robert B. Cialdini, l'auteur d'*Influence: The Psychology of Persuasion*[23], professeur en retraite de l'Arizona State University et référence absolue sur le sujet de l'influence, le gouvernement éthiopien envoya de l'argent au Mexique après le tremblement de terre qui affecta le pays en 1985, et cela, malgré des difficultés économiques écrasantes, parce que le Mexique lui avait apporté son soutien après une invasion italienne cinquante ans plus tôt.

La démarche de l'Éthiopie illustre ce qu'est la réciprocité, l'acte de retourner un service, un don ou une assistance. Il y a trois formes de réciprocité. La première, c'est quand vous faites quelque chose en attendant explicitement une contrepartie. C'est une transaction, et cela peut marcher, mais ce n'est pas de l'enchantement.

La seconde forme de réciprocité est le fait d'investir dans l'avenir, un « paiement d'avance ». Ce n'est pas une transaction, car la relation entre le fait de donner et de recevoir n'est pas explicite et étroitement établie dans le temps. En fait, il se peut qu'il n'y ait pas de réciprocité, mais il y a la possibilité qu'il y en ait une. Cette forme d'échange peut créer de l'enchantement.

La troisième forme de réciprocité, et la plus désintéressée, consiste à agir pour le simple plaisir d'aider les autres. Souvent les bénéficiaires, parfois des laissés-pour-compte de la vie, ne peuvent pas vous payer de retour. Mais comme le disait ma mère : « *Akua sabe* » (« les dieux s'en souviendront »). C'est cette réciprocité-là qui prouvera que vous êtes digne de confiance.

23 NDT : Robert B. Cialdini, *Influence: The Psychology of Persuasion* [Influence : la psychologie de la persuasion], Harper Paperbacks, 2007.

Gagnez en savoir et en compétence

Votre savoir témoigne de votre expertise dans une matière, acquise par votre éducation ou votre expérience. Les preuves de votre savoir sont des diplômes académiques, votre parcours professionnel, les opinions de vos clients, les certifications, les distinctions honorifiques et autres formes de reconnaissance.

La compétence est différente du savoir, car savoir n'est pas la même chose que faire. Être compétent veut dire que vous êtes passé du stade où vous savez ce qu'il faut faire à celui où vous savez faire. J'ai eu du mal à trouver un exemple de savoir et de compétence jusqu'au moment où je me suis rendu compte que j'en écoutais un presque tous les jours : Terry Gross, la productrice déléguée et animatrice de *Fresh Air*[24] sur National Public Radio.

Terry Gross incarne l'enchantement avec ses interviews menées sur le ton d'une conversation paisible, aux questions pourtant inquisitrices. Le *San Francisco Chronicle* décrit ses interviews comme « un mélange remarquable d'empathie, de chaleur, de curiosité authentique et d'intelligence incisive ». Elle personnifie le savoir *et* la compétence.

Si vous écoutez la National Public Radio le week-end, Peter Sagal fait aussi preuve d'un savoir et d'une compétence comparables dans l'émission *Wait Wait...Don't Tell Me!*[25], un jeu télévisé sur l'information. Sagal est un auteur dramatique accompli, mais cela intéresse qui ? Son sens aigu de la répartie qui fait mouche est stupéfiant. Personne n'épingle mieux que lui les gens riches, célèbres et puissants pour leur stupidité, leur arrogance et leur nullité :

> Quand Tony Hayward a pris les rênes de BP en 2007, il s'est engagé à résoudre les problèmes de sécurité de la société ; sa priorité numéro un a été d'éviter les brûlures de café, sa priorité numéro quatre cents étant de ne pas détruire le monde.

---

24 NDT : « Air frais ».

25 NDT : « Attendez, Attendez. Ne me dites pas ! »

Chez BP, dans bien des couloirs du siège social, on voit un panneau implorant les employés de ne pas marcher en buvant leur café. Les accidents du travail associés aux boissons chaudes ont depuis considérablement diminué. Confortées par le succès de ce programme de sécurité concernant la priorité numéro un, les équipes ont posé désormais des écriteaux sur tous leurs puits en eau profonde disant : « S'il vous plaît, ne déversez pas tout le pétrole dans l'océan » (17 juillet 2010).

C'est génial d'avoir le savoir. C'est génial d'avoir la compétence. Mais la combinaison des deux encourage les gens à vous faire confiance et augmente votre capacité à enchanter. Et dans ce monde, cette combinaison est une bouffée d'air frais.

Montrez-vous

Vous pouvez être l'incarnation du *mensch*, du savoir et de la compétence, mais cela ne servira à rien si vous ne vous montrez pas, c'est-à-dire si vous ne créez pas d'interactions. En langage numérique, se montrer signifie répondre aux e-mails, aux tweets, aux messages sur son répondeur et aux chats vidéo, mais permettez-moi de commencer par une histoire bien connue concernant une étoile de mer.

Dans le conte de Loren Eiseley[26], *The Star Thrower*[27], un voyageur voit un homme relancer une étoile de mer à l'eau pour la sauver. Il lui demande s'il croit faire une différence puisqu'il y a des milliers d'étoiles de mer sur la plage. L'homme en prend une seconde et la jette dans l'océan et dit : « Cela fait une différence pour celle-ci. »

Tous les jours, je reçois un total de deux cents e-mails, tweets, lettres et messages téléphoniques. Je ne réponds pas à tous, mais je fais mieux dans ce domaine que la plupart des gens. Pour ceux auxquels je réponds, « cela fait une différence ». Même si ma réponse n'est rien

---

26 NDT : Loren Eiseley (1907-1977) était un anthropologue et écrivain américain, souvent considéré comme un Thoreau moderne.

27 NDT : Loren Eiseley, *The Star Thrower* [Le Lanceur d'étoile], Mariner Books, 1979.

de plus que : « Désolé, je ne peux pas vous aider en ce moment », les destinataires me renvoient souvent un e-mail de remerciement.

Si vous voulez qu'on ait confiance en vous, montrez-vous en personne ou virtuellement. C'est un travail énorme, mais on ne peut pas établir une relation de confiance avec des milliers de gens en un clin d'œil. Il faut des mois pour établir un climat de confiance.

Préparez un plus gros gâteau

Il y a deux sortes d'individus et d'organisations dans le monde : ceux qui veulent manger une plus grande part de gâteau, et ceux qui veulent préparer un gâteau plus gros. Ceux qui veulent une part plus grande pensent que s'ils gagnent, vous perdez, et que si vous gagnez, ce sont eux qui perdent. Ceux qui préparent un gros gâteau pensent que tout le monde peut gagner.

Twitter a fait un gâteau plus gros où n'importe qui peut communiquer des informations et des nouvelles. Southwest Airlines a fait passer les gens de la voiture et du bus à l'avion. Google a arraché la publicité des mains des agences et l'a donnée aux petites entreprises. Toutes ces sociétés ont créé un gâteau plus gros au lieu de se disputer la même petite brioche.

Faire un gâteau plus gros accroît votre capital confiance et apporte les avantages suivants :

- **Les gens travaillent ensemble.** Même vos concurrents travailleront avec vous, car tout le monde y trouvera son compte. Plus il y a de gens à travailler sur une idée, meilleures sont les retombées pour chacun.
- **« Ce qui est à la pointe du progrès » évolue et change.** Si le gâteau reste le même, le progrès s'arrête. Si le gâteau s'agrandit, les nouvelles technologies et les idées se réalisent.
- **Les clients augmentent en nombre et en diversité.** Quand un gâteau devient plus gros, il y a plus d'utilisateurs de produits et de services. La démocratisation de l'ordinateur et d'Internet a augmenté la quantité d'utilisateurs pour le bénéfice de tous.

Comme on dit : « Sur la marée montante flottent tous les bateaux[28] » , et cuire un gâteau plus gros assure une plus grosse part à chacun.

Enchantez les gens sur leur propre terrain

La Susan G. Komen Race for the Cure[29] soutient les associations de recherche sur le traitement du cancer du sein. Les participants à cette course sont organisés en plusieurs catégories. Les femmes ayant survécu au cancer paient 35 dollars de droits d'entrée, sinon n'importe qui peut courir pour 40 dollars. On peut aussi marcher pour 35 dollars et les enfants peuvent courir pour 20 dollars. Pour l'instant, tout cela est logique.

Mais saviez-vous que vous pouvez aussi « dormir pour encourager la recherche » pour 35 dollars ? (Conseil aux membres de l'association : vous devriez faire payer plus cher ce niveau de participation. Cela allégerait le sentiment de culpabilité des gens qui ne veulent pas sortir du lit et augmenterait le montant des dons collectés).

La leçon est qu'il faut prendre du recul et enchanter les gens sur leur propre terrain. Les accros veulent se lever à l'aube et se punir en courant. D'autres veulent vous soutenir en faisant la grasse matinée. Ne faites pas les difficiles et prenez l'aide d'où qu'elle vienne et quelle qu'en soit la forme. Et optimisez vos tarifs pour le bien de tout le monde.

---

28 NDT : Cet aphorisme est dérivé d'une expression prononcée par John F. Kennedy en 1963. Pour plus de détails (en anglais) : http://en.wikipedia.org/wiki/A_rising_tide_lifts_all_boats.

29 NDT : « La Course Susan G. Komen pour la guérison. » Créée par la sœur de Susan Komen, Nancy Brinker, en 1982, cette association a levé autour d'un milliard et demi de dollars pour la lutte contre le cancer du sein.

Positionnez-vous

Un grand homme tient en une phrase. **Clare Boothe Luce**

Vous savez vous faire aimer. Vous savez gagner la confiance. L'étape finale est d'élaborer la description de qui vous êtes ou de votre organisation. Elle doit expliquer ce que vous faites et pourquoi vous existez. Pour vous guider, voici les quatre caractéristiques d'un positionnement bien formulé :

- **Court.** Moins il y a de mots, mieux c'est. Limite : dix mots. C'est vrai pour vous comme pour votre organisation. Voyez ce positionnement comme un mantra, non comme l'expression verbeuse d'une mission.
- **Clair.** Employez des termes simples que n'importe qui peut comprendre pour répondre à la question : « Que faites-vous ? » Et concentrez-vous sur votre fonction, non sur le titre ronflant qui est le vôtre.
- **Différent.** Beaucoup de gens utilisent des mots comme *sérieux, travailleur,* et *honnête* pour se décrire. Trouvez d'autres expressions, parce que personne ne se décrit comme paresseux ou malhonnête. Mieux encore, supprimez les adjectifs et employez des verbes pour expliquer simplement ce que vous faites.
- **Humble.** Un positionnement personnel qui manque d'humilité diminue votre crédibilité, donc calmez-vous sur le narcissisme. L'élimination des adjectifs vous y aidera.

Même le positionnement le plus simple peut faire des merveilles. Par exemple, Steve Martin, le coauteur de *Yes! 50 Scientifically Proven Ways to be Persuasive*[30], m'a parlé d'une agence immobilière qui avait changé le discours d'accueil de sa standardiste : cette modification mineure avait augmenté les rendez-vous individuels de 20,1 % et les ventes de 16 %.

30 NDT : Steve Martin, *Yes! 50 Scientifically Proven Ways to be Persuasive* [Oui ! 50 façons scientifiquement démontrées d'être persuasif], Free Press, 2009.

Ce changement simple consistait en l'ajout d'une expression comme : « Elle a vingt ans d'expérience dans la location de maisons dans cette région » à l'habituel : « Je vous passe Sandra. » La mention des années d'expérience positionnait si bien les agents qu'elle améliorait leur capacité à conquérir des clients.

Mon positionnement tient en deux mots : « Empower people[31]. » Quel est le vôtre ? Écrivez-le sur cette ligne :

\---

Soyez un héros

Un héros est un homme qui a peur de fuir. **Proverbe anglais**

Je termine ce chapitre par une façon d'augmenter vos possibilités de vous faire aimer, de créer la confiance et de produire l'enchantement. L'idée est d'être un héros. Les gens utilisent ce mot à tort et à travers – l'appliquant aux entrepreneurs, aux sportifs, aux philanthropes et aux politiciens parce qu'ils ont gagné beaucoup d'argent, marqué un but à la dernière minute, donné des millions de dollars à une œuvre caritative ou gagné une élection. On ne devrait prononcer le mot *héros* qu'exceptionnellement – et ne l'appliquer qu'aux hommes et femmes qui font des choses extraordinaires en prenant un risque extraordinaire et démontrent courage et résolution dans des situations extrêmes.

Un architecte du nom de Frank De Martini et trois collègues, Pablo Ortiz, Carlos DaCosta et Pete Negron, ont sauvé soixante-dix personnes avant de périr dans l'attaque du 11 Septembre au World Trade Center. Un représentant officiel du consulat du Japon qui s'appelait

31 NDT : Le mot « *empower* » en anglais n'a pas d'équivalent français direct : il signifie à la fois « donner du pouvoir », « augmenter les capacités », « aider », « motiver », etc. Bref, le mantra de Guy Kawasaki est : « "*Empower*" les autres. »

Chiune Sugihara a accordé plus de deux mille visas à des Juifs qui essayaient d'échapper aux nazis en Lituanie en 1940. Son action défiait ouvertement le gouvernement japonais et les mettait gravement en danger, lui et sa femme. Ces gens-là sont d'authentiques héros.

Vous aussi pourriez être un héros. On n'a pas besoin de formation ou de gène particuliers pour cela. La première réponse de bien des héros est de nier qu'ils sont spéciaux : « N'importe qui aurait fait la même chose que moi dans les mêmes circonstances », prétendent-ils. Selon Philip Zimbardo de l'université de Stanford et Zeno Franco du Medical College du Wisconsin, la présence d'une « imagination héroïque » peut transformer les gens ordinaires en héros. Ce type d'imagination nous permet de « considérer la possibilité de nous engager dans une action courageuse » au moment où il faut affronter une épreuve. Voici, selon Zimbardo et Franco, les recommandations pour entretenir une imagination héroïque[32] :

- Maintenez la vigilance de votre esprit pour déterminer si une action héroïque est nécessaire dans les situations que vous rencontrez.
- Apprenez à supporter la controverse et restez ferme sur vos principes.
- Imaginez ce qui pourrait arriver si vous agissez ou si vous n'agissez pas.
- Résistez à la tentation de justifier l'inaction.
- Ne tolérez pas l'idée que la fin (positive) justifie les (mauvais) moyens.
- Gardez à l'esprit que vos actions héroïques seront éventuellement reconnues, et dépassez l'idée qu'il pourrait y avoir des conséquences négatives.

Les héros, les *menschen*, et tout simplement les gens sympathiques et dignes de confiance sont enchanteurs, vous devez donc ambitionner d'avoir leur courage si vous voulez enchanter les autres.

---

32 Philip Zimbardo, Zeno Franco, « The Banality of Heroism » [La Banalité de l'héroïsme], Greater Good (blog), automne-hiver 2006-2007, http://greatergood.berkeley.edu/article/item/the_banality_of_heroism

Mon histoire personnelle, par Tony Morgan

Tony Morgan est pasteur, auteur et consultant en religion basé à Atlanta en Géorgie. Dans cette histoire personnelle, il explique comment la religion lui a enseigné l'art de créer la confiance et l'enchantement.

L'UNE DES EXPÉRIENCES LES PLUS ENCHANTERESSES DE MA VIE A EU LIEU AU DÉBUT des années 1990. Des amis nous avaient invités, ma femme et moi, à Chicago. Découvrir Chicago pour la première fois était plutôt enchanteur, mais ce n'est pas cela qui a eu le plus d'impact sur nous. Pendant notre séjour, nous avons assisté à un office à la Willow Creek Community Church.

Ayant été élevé dans une tradition religieuse, disons, très traditionnelle et très ennuyeuse, je ne pensais pas que la religion pourrait avoir une place dans ma vie. À Willow Creek, nous avons été saisis par une expérience grâce à une musique actuelle (pas d'orgue), de la technologie vidéo (pas de vitraux), des sièges confortables (pas de bancs) et un message vivant (pas de bâillements).

Mon expérience à Willow Creek m'a ouvert les yeux sur la possibilité que l'église puisse enseigner le même message biblique, mais employer des méthodes différentes pour atteindre les nouvelles générations. De nos jours, ce style de ministère est relativement commun. Avant cette soirée, il y a presque vingt ans, je ne croyais pas qu'il était possible qu'une église communique vraiment avec des non-pratiquants et des non-croyants.

Comme les règles et le rituel étaient simplifiés, je me sentais dans une relation véritable. L'authenticité nourrit la confiance. La confiance ouvrait la porte aux étrangers, même à ceux extérieurs à Willow Creek, pour qu'ils y trouvent leur place.

Chapitre 4
Comment se préparer

Crée comme un dieu, commande comme un roi,
travaille comme un esclave.

Constantin Brancusi

Maintenant que nous avons compris comment se faire aimer et inspirer confiance, nous pouvons parler de votre cause (c'est-à-dire votre produit, votre service, votre société ou votre idée). Ce chapitre vous explique les caractéristiques d'une grande cause ainsi que le travail fondateur et de préparation nécessaires au succès.

Voyez grand

Ne vous méprenez pas : Steve Jobs est capable d'enchanter une coquille d'œuf sans remuer le jaune, mais sans le Macintosh, l'iPod, l'iPhone ou l'iPad, Steve n'aurait rien à vendre demain. Il est imbattable car c'est un visionnaire dont les talents de communiquant sont mis au service des super produits d'Apple.

Dans un monde parfait, vous êtes si enchanteur que votre cause importe peu, ou votre cause est si enchanteresse que vous n'avez aucune d'importance. Mon but est de vous aider à réaliser les deux.

Voyons d'abord les causes enchanteresses. Il y a plus de vingt ans, j'avais établi la liste des caractéristiques d'un grand produit. Je les ai révisées de temps en temps et cela m'a bien servi au fil des années. Les voici :

- **Dense.** La densité signifie que votre cause a plusieurs fonctionnalités. Cela signifie que vous avez anticipé ce dont les clients auront besoin sur la durée. Par exemple, Google est une source unique à tous vos besoins en ligne, allant d'une simple recherche à la gestion de votre e-mail et de votre boîte vocale, à l'agrégation de flux RSS et à l'analyse de votre site web. L'éventail de ses produits est incroyablement dense.
- **Intelligent.** Une cause intelligente résout les problèmes des gens élégamment. Si, dans votre famille, vous avez un enfant adolescent en âge de conduire, vous vous souciez de sa sécurité. Le produit de Ford « My Key[33] » vous permet de limiter la vitesse de la voiture et de choisir le volume audio maximum. Il déclenche aussi une alarme si le conducteur ne porte pas sa ceinture de sécurité au démarrage, signale à temps la baisse du niveau d'essence, et déclenche une alarme à 45, 55 et 65 miles à l'heure[34]. C'est exactement ce dont vous avez besoin si vous avez l'intention d'acheter une Mustang GT500 et que vous avez deux fils adolescents.
- **Complet.** C'est une expérience de qualité qui inclut du service, du support, et une série d'améliorations. Par exemple, l'expérience de la Lexus n'est pas que celle de l'acier, du cuir, des vitres et du caoutchouc. Le support après-vente fait autant partie de l'expérience que la voiture elle-même. Une Lexus est une voiture *dense* en raison de ses capacités et c'est aussi une voiture *complète* en raison des services auxiliaires fournis autour de la voiture.
- **Énergisant.** Une cause énergisante vous permet de faire mieux ce que vous avez l'habitude de faire et de réaliser des choses nouvelles que vous ne pouviez pas faire du tout. Elle vous rend plus intelligent, plus fort et plus habile. Elle améliore votre confiance en vous et votre capacité à contrôler votre vie. Ce sentiment est exactement la raison pour laquelle les gens aiment leur Macintosh et voient souvent leur ordinateur comme une extension d'eux-mêmes.

---

33 NDT : « Ma Clé. »

34 NDT : Respectivement 72,42 km, 88,51 km et 104,61 km à l'heure.

- **Élégant.** Une cause élégante signifie que quelqu'un a le souci de l'interface utilisateur et de la qualité de son design. Une cause élégante travaille au mieux des intérêts de tous. Une cause inélégante se bat contre les individus. Voici des exemples d'élégance : la chaise *Eames* d'Herman Miller, le sèche-mains *Airblade* de Dyson, l'Audi A5/S5.

Voici mon panthéon de l'enchantement pour alimenter votre créativité. Notez vos propres exemples.

	Guy	Vous
Voiture	1965 Ford Mustang	
Macintosh	Ilci	
Compagnie aérienne	Virgin America	
Ville	Istanbul, Turquie	
Livre	*If you Want to Write* [Si vous voulez écrire], de Brenda Ueland*	
Leader politique	Nelson Mandela	
Actrice	Queen Latifah	
Ingénieur	Steve Wozniak	
Animateur télé	Mike Rowe	
Blogueuse	Jenny Lawson, The Bloggess	
Blogueur	Robert Scoble, Scobleizer	
Chanteuse	Corinne Bailey Rae	
Éducation des enfants	Adopter des enfants	
Architecture	Antoni Gaudí	
Vêtements	Chemises Aloha d'Anne Namba	

* Brenda Ueland, *If you Want to Write, a Book About Art, Independence and Spirit*, Graywolf Press, 2007.

En un mot, une cause qui est dense, intelligente, complète, énergisante et élégante facilite énormément le processus d'enchantement des gens. Si vous combinez ce type de cause avec une personne sympathique et de confiance, vous ne pouvez pas ne pas réussir.

Réalisez un « *pre mortem* »

En médecine, les examens *post mortem* déterminent la cause de la mort. Les médecins légistes les réalisent pour des raisons juridiques ou pédagogiques. Ils aident également au processus de deuil des membres de la famille en leur expliquant la raison de la disparition d'un être cher.

Il y a rarement de diagnostics *post mortem* après la fin des produits, des services ou des organisations parce qu'il n'y a ni temps, ni argent pour l'étude de ce qui n'existe plus ; il n'y a personne pour analyser ce qui s'est passé, et les témoins sont en colère et dans le déni. Il est donc difficile de faire ou d'apprendre quoi que ce soit après la disparition d'une cause.

Selon Gary Klein, l'auteur des *Sources of Power: How People Make Decisions*[35], les examens *pre mortem* sont une bien meilleure idée parce qu'ils aident à prévenir la mort plutôt qu'à l'analyser. Voici comment fonctionne une analyse *pre mortem*. L'équipe se réunit au moment du lancement. Le leader demande à chacun de prendre pour hypothèse que le projet a échoué et d'en trouver les raisons – par exemple, une pénurie de pièces détachées. L'équipe trouve alors les moyens d'éviter que le problème se présente – par exemple, en ajoutant une seconde et une troisième source d'approvisionnement[36].

Le but des analyses *pre mortem* est d'éviter les problèmes potentiels pour accroître les chances de succès. Il y a à cela cinq avantages :

---

35 Gary Klein, *Sources of Power: How People Make Decisions* [Les Sources du pouvoir : comment les gens prennent des décisions], MIT Press, 1999.

36 Gary Klein, « Performing a Project Premortem [Procéder à un projet *pre mortem*] », *Harvard Business Review*, 1er septembre 2007, http://hbr.org/produit/performing-a-project-premortem/an/F0709A-PDF-ENG.

- L'identification des problèmes avant qu'ils ne se produisent, plutôt qu'après.
- Réduire le risque d'un démarrage prématuré.
- Des réponses plus créatives et structurées face aux défis que les équipes vont rencontrer.
- Une sensibilité accrue aux signes avant-coureurs d'un problème que l'équipe aura déjà envisagé.
- L'implication d'un plus grand nombre de membres de l'équipe en raison d'un environnement moins hiérarchique.

Demander aux membres d'une équipe de critiquer un projet en cours est inefficace car les gens n'aiment pas attaquer le travail des autres et prendre le risque d'être perçus comme de mauvais joueurs sans esprit d'équipe. Donc ces cinq avantages font du *pre mortem* un bon investissement en temps et énergie. Un *pre mortem* peut contribuer au succès et rendre inutile un *post mortem* redouté.

Posez les bases du succès

Parfois, la meilleure façon d'enchanter les gens est de leur faciliter le travail. Prenons l'expérience que j'ai faite lors d'un barbecue à la fin de la saison pour l'équipe de hockey de mon fils. J'avais placé deux poubelles l'une à côté de l'autre. L'une n'avait pas de couvercle, donc les gens pouvaient y jeter n'importe quoi. L'autre avait un couvercle avec un trou de quinze centimètres, la taille parfaite pour faire tomber des canettes et des bouteilles. Il n'y avait pas d'instructions orales ou écrites précisant de trier et de recycler.

Vingt adolescents avec leurs parents participaient à la fête. Même si les parents étaient sympathiques, leur priorité n'était pas d'exiger de leurs enfants qu'ils trient les déchets. Je me suis baladé souvent avec les garçons et je sais d'expérience que le nettoyage et la propreté ne font pas partie du système de valeurs de l'équipe, c'est le moins qu'on puisse dire.

Nous avons donné beaucoup de fêtes chez nous par le passé et j'organisais le tri entre une poubelle ouverte et un sac en plastique bleu de recyclage. Au final, peu d'invités triaient leurs ordures, et, pour avouer une vérité qui dérange, il me fallait fouiller dans les poubelles pour en sortir ce qui était recyclable.

Les résultats de cette expérience m'ont stupéfié : non seulement la poubelle avec le trou circulaire était pleine de bouteilles et de canettes, mais il n'y avait rien d'autre dedans. C'est logique – il faudrait être pervers (ou gardien de but) pour, par exemple, rouler des assiettes en carton afin de les fourrer dans le trou. Le trou rond invitait parfaitement les gens à faire ce qu'il fallait.

La poubelle sans couvercle était l'épreuve de vérité. Les gens feraient-il l'effort de trier leurs ordures ou choisiraient-ils la facilité ? J'ai inspecté la poubelle et j'y ai trouvé cinq bouteilles de bière. En d'autres termes, cinq parents étaient ou bien endurcis ou bien idiots (les garçons ne buvaient pas de bière). De plus, ces bouteilles étaient au fond.

Je suis peut-être barge, mais ceci démontre que nous pouvons changer les comportements des gens – « enchanter » serait peut-être excessif – en leur facilitant la vie. Au bout du compte, cela peut conduire à tromper et à manipuler les gens pour des raisons allant à l'encontre de leurs intérêts, mais si vos mobiles sont purs, et vos actes utiles à tous, les gens ne vous décevront pas.

Faites court, simple et consommable

La vie était simple avant la Seconde Guerre mondiale. Après, nous avons eu des systèmes. **Grace Hopper**

Allen Kay est le fondateur de Korey Kay & Partners, une agence de publicité à New York et la version contemporaine d'un personnage de la série télévisée *Mad Men*[37]. Après le 11 Septembre, il voulait aider à lutter contre le terrorisme, et il a trouvé un slogan : « *See something, say something* », c'est-à-dire : « Si vous voyez quelque chose, dites-le. »

37 *Mad Men* est une série télévisée sur une agence de publicité fictive, dans les années 1960.

Son client était la Metropolitan Transportation Authority[38] de New York, qui a donc rapidement affiché le slogan dans le métro, sur les bus et les trains. Cette affiche est un excellent exemple de communication « facile à avaler, facile à adopter[39] ». Ce type de message enchante les gens car ils le comprennent et peuvent le transmettre (une recherche Google sur cette expression de Kay donne approximativement huit millions d'occurrences en 2010). Voici des façons de rendre votre cause facile à avaler, et donc, facile à adopter :

- **Employez des tricolons[40].** Un tricolon est une phrase structurée en trois parties de longueurs égales comme par exemple « Voyez-le, essayez-le, achetez-le » (le slogan de Chevrolet dans les années 1940), « Soyez sincère, soyez bref, soyez assis » (conseil de Franklin Delano Roosevelt aux orateurs), et « l'emplacement, l'emplacement, l'emplacement » (principe de base des agents immobiliers). Le rythme de ces trois mots ou expressions confère de la puissance au message.
- **Employez des métaphores.** Une métaphore est une figure de style fondée sur l'analogie où l'image véhicule la signification de votre cause. Par exemple, la publicité de Johnson & Johnson pour des pansements était : « Dites bonjour au nouveau garde du corps de votre enfant. » L'expression « garde du corps » communiquait le sentiment que le produit était solide et que votre enfant était important.
- **Employez des comparaisons.** La comparaison entre deux choses dissemblables est introduite par un mot tel que *comme*. Par exemple : « Prendre de la drogue, c'est comme jouer avec le feu », ou « le hockey, c'est comme la guerre et le ballet ». Ces comparaisons introduisent un repère familier qui aide les gens à comprendre ce dont vous parlez.

---

38 NDT : La Metropolitan Transportation Authority est une entreprise publique chargée de la gestion des transports publics de l'État de New York.

39 Kevin Dutton, *The Power to Persuade* [Le Pouvoir de persuader], *Scientific American Mind*, mars-avril 2010, p. 26.

40 Un *tricolon* (au pluriel *tricola*) est une figure de style comportant trois parties de longueur égale mais d'intensité croissante (ce que les philologues appellent le *tricolon crescens*). L'un des exemples les plus familiers est *Veni, vidi, vici* (« Je suis venu, j'ai vu, j'ai vaincu ») de Jules César.

- **Soyez bref.** Peut-on faire de meilleurs slogans que « Got Milk[41] ? » Les phrases courtes sont faciles à mémoriser et répéter. Voici des conseils de concision pour les moyens de communication les plus utilisés :
  - E-mail : cinq paragraphes.
  - Vidéo : soixante secondes.
  - PowerPoint et Keynote : dix slides.
  - Business plan : vingt pages.
- **Restez positif.** Les stratégies alarmistes sont difficiles à accepter et peuvent se retourner contre vous. Par exemple, l'avertissement que « vingt-cinq millions de gens se donnent la mort en fumant » pourrait faire croire que fumer est normal puisque vingt-cinq millions de personnes le font. Donnez une image réaliste de ce que le futur peut apporter de bon au lieu d'essayer d'effrayer les gens.
- **Montrez du respect.** Les actions qui sont une insulte à l'intelligence des gens enchantent rarement. Les publicités télévisées sur les pertes de poids miraculeuses, la beauté éternelle ou la fortune instantanée entrent dans cette catégorie. Quand vous manquez de respect aux gens, vous générez du ressentiment et un blocage. Non, faites quelque chose de remarquable, communiquez les faits et permettez aux gens de décider par eux-mêmes.

Pourquoi les gens créent-ils des messages qui ne sont ni courts, ni digestes ? Pour deux raisons : d'abord, ils ont impliqué un comité et le résultat souffre des tergiversations du groupe. Ensuite, les gens se sont excessivement enthousiasmés pour l'excellence de leur cause et ont perdu contact avec la réalité.

Pratiquez la retenue pour contrôler ces deux facteurs. Moins est non seulement plus, mais c'est aussi mieux quand il s'agit d'élaborer des messages.

41 NDT : « Vous avez du lait ? » Il s'agit d'une campagne de publicité américaine créée en 1993 (et toujours utilisée) par l'agence Gooby Silverstein & Partners pour une association de producteurs de lait en Californie.

Éliminez les obstacles

Une amie de ma femme nous avait recommandé un hôtel à Paris, et j'ai donc essayé d'y retenir une chambre. Le site web de l'hôtel expliquait qu'il y avait des frais de réservation de 5,60 euros, ce que j'ai trouvé bizarre, mais bon, c'est un hôtel français.

Puis j'ai compris que je devais payer ces frais alors qu'il n'y avait pas de chambre disponible. En d'autres termes, je devais payer 5,60 euros pour *essayer* de faire une réservation d'une valeur de 2 690 euros. C'est un endroit où nous n'irons jamais, parce qu'il n'est pas question pour moi de sauter un tel obstacle et de payer pour avoir le privilège de faire une réservation d'hôtel.

Abbaye SG https://www.secure-hotel-booking.com/Hotel...

Booking request noted

A e-mail has just been sent to you with a recap of the booking request below.
This request has also been sent to the applicable property, and they will reply within 48 hours by e-mail only.

******* WARNING! THIS RESERVATION IS NOT CONFIRMED YET! *******

Mr Guy Kawasaki,

An answer to your booking request will be sent to you exclusively by email within a maximum of 2 days, you will then have to confirm your reservation.

Summary of your booking request:

Reference: **JHZN7E**
(GMT: 5/6/2010 9:51:15 PM)

Check In date	Check Out date	Number of nights
Sunday 23 May 2010	**Friday 28 May 2010**	**5**

	Sun	Mon	Tue	Wed	Thu	
1 Duplex Apartment	**23MAY** 538.00	**24MAY** 538.00	**25MAY** 538.00	**26MAY** 538.00	**27MAY** 538.00	2690.00
>> Booking fees (non refundable):						**5.60**

Total booking amount: **EUR 2695.60**

LODGING NAME AND ADDRESS

Hôtel de l'Abbaye Saint Germain
10, rue Cassette
Paris
75006
France
Web site: **www.abbaye-paris-hotel.com**

Duplex Apartment n° 1
person 1: Mr Kawasaki Guy
person 2: Mr Kawasaki Beth

Best Regards,

Hôtel de l'Abbaye Saint Germain

Legal notice

Préparer le lancement de votre cause consiste en partie à éliminer des obstacles comme celui que je viens de décrire. Cet obstacle est financier, mais les obstacles psychologiques existent aussi. Les travaux de recherche sur la « facilité cognitive » montrent que les gens préfèrent les choses auxquelles il leur est facile de penser. Drake Bennett, un journaliste de Boston.com, cite trois applications de cette théorie[42] :

- Les actions des sociétés dont le nom est facile à prononcer se comportent mieux que celles dont les noms sont difficiles à prononcer (selon Adam Alter de la Stern School of Business de l'université de New York).
- Norbert Schwarz de l'université de Michigan a découvert que les réponses étaient plus honnêtes quand les questionnaires étaient imprimés avec une police de caractères plus lisible.
- Les gens pensent que les slogans qui riment sont plus justes que ceux qui ne riment pas, « *woes unite foes*[43] » versus « *woes unite enemies* ». Matthew McGlone de l'université du Texas appelle cela l'effet de rime comme raison. Comparons l'efficacité du slogan Cybermania « Les accros de la micro » à « Les accros d'informatique ».

Disons que vous voulez commander une bouteille de champagne. Vous avez entendu parler de Cristal[44], une cuvée dont vous avez facilement mémorisé le nom, qu'il vous est facile de prononcer. Mais pourquoi ne pas choisir une Veuve Clicquot Ponsardin ? Il est possible que ce qui rend Cristal si populaire, ce soit l'absence d'obstacle – indépendamment de son goût.

Vous n'êtes pas convaincu ? Alors pensez à la société indienne de plusieurs milliards de dollars qui s'appelle Tata. Il est facile de se rappeler et de prononcer ce nom qui signifie « grand-père » dans certains dialectes en Inde. Pour beaucoup de gens, ce mot a une conno-

42 Drake Bennett, « Easy = True », *Boston Globe,* 31 janvier 2010, www.boston.com/bostonglobe/ideas/articles/2010/01/31/easy__true.

43 NDT : « Les malheurs unissent les ennemis. »

44 NDT : De Louis Roederer.

tation de tendresse, de chaleur et de compassion. (Aux États-Unis, c'est un mot d'argot pour « seins », ce qui est émoustillant aussi).

Les marques dont les noms coulent naturellement, comme Cristal, Tata, Under Armour, Lego, the Body Shop, Boots, Roots, et Fat Tire ont éliminé les entraves. Vous pouvez aller plus loin en choisissant des noms qui sont aussi descriptifs – par exemple, 24 Hour Fitness et 3 Day Blinds.

Ce serait négligence de ma part, cependant, de ne pas vous dire que Norbert Schwarz voit un rôle positif au manque de fluidité car on peut penser qu'un produit au nom moins familier est plus novateur. Dans ce cas, on peut considérer qu'une bouteille de champagne dont on n'a jamais entendu parler et dont on ne peut pas prononcer le nom soit plus désirable.

C'est quelque chose qui, de toute évidence, a marché pour Häagen-Dazs. Deux immigrants polonais, Reuben et Rose Mattus, ont démarré la société dans le Bronx. De nos jours, la société est basée à Oakland en Californie. Ce nom n'a rien à voir avec une langue scandinave, mais il est clair qu'il fait penser à une image de marque innovante et appétissante venant d'un fjord de l'Europe du Nord.

La leçon est peut-être qu'il faut éliminer les ralentisseurs pour faire adopter des produits connus de sociétés connues – par exemple l'iPhone d'Apple. Par contre, si vous voulez vous démarquer de produits et de services connus, vous devriez prendre des noms inhabituels comme Häagen-Dazs, Amazon, ou Zappos.

Fournissez une option par défaut

Une façon d'éliminer les obstacles est de fournir une option par défaut. Vous avez un cas d'option par défaut lorsque les sociétés inscrivent les employés dans un plan retraite. Comme la plupart des gens ne savent pas économiser, il est souvent salutaire pour eux qu'ils participent à cette forme d'épargne forcée.

Pour soutenir cette mesure, le gouvernement américain a protégé les sociétés des conséquences de mauvais investissements, à charge pour elles de suivre certaines recommandations. D'où le fait que la plupart des sociétés offrent une clause stipulant que les salariés sont inscrits, sauf choix contraire. Des années après, ils bénéficient d'une décision qui a été prise pour eux.

Cela dit, les options par défaut peuvent aussi irriter les gens. Quand vous faites une réservation en ligne sur United Airlines, il vous est proposé d'acheter des miles pour augmenter votre nombre de points dans le programme de fidélité d'United. L'option par défaut dit « Oui ! Ajoutez cette option », ce qui entraîne les gens sur une voie où ils ne veulent probablement pas aller. Même si j'apprécie United Airlines (je n'ai remarqué cela que parce que j'achète beaucoup de billets de cette compagnie), ce procédé entre dans la zone où on berne les gens crédules et agace les autres.

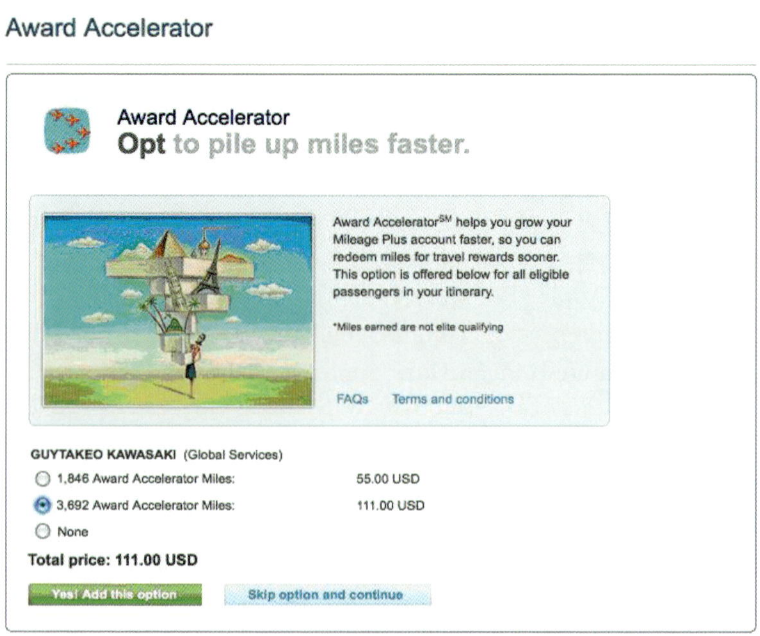

United peut faire cette offre, mais devrait choisir le « non » par défaut et arrêter de la proposer à ceux qui ne la valident jamais.

Fixez des objectifs

« Pouvez-vous me dire, s'il vous plaît, quelle route je devrais prendre à partir d'ici ? »
« Cela dépend beaucoup de là où vous voulez aller » répondit le Chat.
« Cela m'est un peu égal » dit Alice.
« Donc, la direction est sans importance » dit le Chat.
Dialogue entre Alice et le Chat du Cheshire,
dans *Alice au pays des merveilles* de Lewis Carroll.

Je ne vais pas vous inviter à définir des objectifs pour les raisons que donnent habituellement les gourous du management : la mesurabilité, la communication et le leadership. Le fait est que vous enchanterez bien plus si vous savez ce que vous voulez, et que vous pouvez l'expliquer clairement. Etsy est une communauté en ligne d'artisans et de clients de produits faits à la main, qu'il s'agisse de colliers ou de vêtements pour enfants. Le site a des centaines de milliers d'artisans et plus encore d'acheteurs. Ses objectifs sont simples : « Permettre aux gens de gagner leur vie en fabriquant des choses et établir de nouvelles relations entre artisans et acheteurs. » Et connaître ces objectifs facilite les affaires entre les artisans, les acheteurs et les partenaires d'Etsy.

En revanche, on adhère plus difficilement à une organisation qui n'a pas d'objectifs ou ne les communique pas, parce que l'incertitude demeure sur ce qu'elle veut vraiment. Tout ce qu'elle parvient à faire, c'est donner aux gens l'impression de perdre leur temps, et perdre du temps est désenchanteur.

Le principe semble aller contre la logique : Comment puis-je enchanter si j'énonce mes objectifs de manière aussi directe ? D'abord, il ne s'agit que d'une nouvelle version de vous-même, un Vous 2.0, celui-là même qui a contribué à créer, dès le départ, un climat de confiance et de sympathie.

Deuxièmement, le fait de déclarer vos objectifs augmente votre capital confiance, parce que vous êtes désormais transparent. Votre programme est sur la table, et s'il est possible que des gens ne l'aiment pas, ils savent au moins de quoi il est fait.

Créez une check-list

Vous pouvez mieux rationaliser vos objectifs en créant une check-list. Mais avant de vous expliquer pourquoi elles peuvent vous aider à enchanter les gens, je peux peut-être vous sauver la vie en vous racontant une histoire sur ces check-lists dans les hôpitaux.

Si vous avez jamais besoin d'un cathéter, essayez de vous souvenir des travaux du docteur Peter Pronovost. C'est un médecin spécialiste en soins intensifs à l'hôpital Johns Hopkins et il a mis au point une check-list simple pour son personnel afin d'éviter les infections dues aux cathéters[45] :

- Lavez-vous les mains avec du savon.
- Nettoyez la peau du patient avec de la chlorhexidine, qui est un antiseptique.
- Placez des draps stériles sur tout le patient.
- Portez un masque, un chapeau, une blouse et des gants stériles.
- Placez un pansement stérile à l'endroit du cathéter.

Pronovost a demandé aux infirmiers de l'unité de soins intensifs de surveiller si les docteurs suivaient cette liste. En un mois, les infirmiers ont découvert que les médecins avaient sauté au moins une mesure lors du traitement de plus de 33 % des patients. Ensuite, il a persuadé l'administration de l'hôpital de permettre aux infirmiers d'interpeller les médecins qui ne respectaient pas ces mesures, et enfin il a demandé aux infirmiers de s'enquérir tous les jours auprès des médecins de la nécessité de maintenir le cathéter.

Les résultats ont été spectaculaires : les infections sont passées de 11 % à 0 %. Sur quinze mois, l'étude a montré que la combinaison du respect de cette check-list et du nouveau rôle des infirmiers

---

45 Jane E. Brody, « A Basic Hospital To-Do List Saves Lives » [La liste de base des choses à faire pour sauver des vies], Health (blog), www.nytimes.com/2008/01/22/health/22brod.html?_r=1.

a évité quarante-trois infections, huit morts et a permis d'économiser deux millions de dollars[46].

Revenons à l'enchantement : une check-list est utile pour trois raisons. Premièrement, elle aide les gens à démarrer. Une liste définit un programme et le respect de ce programme conduit à se concentrer sur ce qu'on fait sans avoir à réfléchir sur ce qu'il conviendrait de faire. (Pour mémoire, cependant, foncer prématurément peut se révéler dangereux, comme je l'ai mentionné dans la discussion sur l'analyse *pre mortem*).

Deuxièmement, l'existence d'une check-list montre que vous respectez l'utilisation que les autres font de leur temps, tout en affirmant que vous agissez pour que les choses aboutissent. En bref, cela signifie que vous êtes organisé. Dans un monde rempli d'incompétents qui vous font perdre du temps, les individus déterminés sont enchanteurs.

Enfin, une check-list motive les gens parce qu'elle leur permet de voir leurs progrès, leur donne le sentiment qu'ils ont accompli quelque chose, et ce sentiment les encourage à en faire encore plus.

Voici un conseil de Steve Martin, le coauteur de *Yes !* Un changement dans le programme de fidélisation d'une station de lavage de voitures a permis de doubler le nombre d'adhérents à ce programme. La version de départ était : « Un lavage gratuit pour l'achat de huit. » La nouvelle version : « Un lavage gratuit pour l'achat de dix – et quand vous commencez le programme, nous vous donnons un crédit pour deux lavages. »

D'où l'intérêt de fournir une check-list déjà entamée !

46 Atul Gawande, « The Checklist », *New Yorker,* 10 décembre 2007, www.newyorker.com/reporting/2007/12/10/071210fa_fact_gawande.

Mon histoire personnelle, par Mike Stevens

Mike Stevens est consultant en marketing à Fargo dans le Dakota du Nord. Il aide les imprimeurs à développer leur entreprise. Dans cette histoire personnelle, il explique comment son père l'a sauvé de son manque de préparation quand il démarré sa société et comment ils ont construit ensemble une société enchanteresse. Sa leçon : si vous n'êtes pas suffisamment préparé (ou même pas du tout), il y a toujours votre famille !

QUELQUES JOURS APRÈS AVOIR ACHETÉ MA PETITE IMPRIMERIE EN 1983, JE ME SUIS aperçu que je n'avais aucune idée de ce que je faisais. J'avais un diplôme en management, mais j'ai rapidement découvert qu'il était pratiquement inutile dans ce que j'avais entrepris. Le jour suivant l'ouverture, une grande tempête de neige s'est abattue sur notre ville, Fargo dans le Dakota du Nord, et a pratiquement tout arrêté.

Je n'avais pas de trésorerie d'avance et il fallait que je reste ouvert parce qu'il me fallait vendre tous les jours si je voulais financer mes premières fiches de paie quelques jours plus tard. J'ai réussi à me rendre au travail, pensant pouvoir finir quelques commandes en cours et les facturer pour être payé en liquide, mais je me suis rendu compte rapidement que je ne savais pas me servir de la moindre machine.

La joie et l'excitation de posséder une nouvelle entreprise s'étaient rapidement volatilisées. Je me sentais impuissant. J'ai fait la seule chose qui me soit venue à l'idée : j'ai appelé mon père, un ouvrier dans le secteur automobile à la retraite qui vivait en Floride. Je lui ai dit : « Papa, je suis perdu. Je ne sais pas quoi faire ni vers qui me tourner. » Immédiatement, il m'a dit de ne pas m'inquiéter et qu'il serait là sous quarante-huit heures. Mon père a sauté dans sa voiture et a fait 2 500 kilomètres presque sans s'arrêter pour arriver à Fargo.

Sa première action, à son arrivée, a été de m'embrasser et de mettre sa main sur mon épaule, ce qu'il n'avait jamais fait jusque-là. Je n'oublierai jamais comment il m'a regardé dans les yeux en me disant : « Ça va aller, Mike. On va régler ça ensemble, un problème après l'autre. »

Le lendemain, quand je suis arrivé au travail à cinq heures du matin, mon père était déjà là. Il avait tout organisé et tout nettoyé et un petit déjeuner m'attendait. J'ai senti fondre mes angoisses. Rapidement, les choses se sont mises à aller mieux. Tout le monde adorait mon père – et particulièrement les clients. Il était au comptoir, responsable de production, livreur et surtout une source d'inspiration pour moi. Parfois, j'avais l'impression qu'il faisait tout le travail et que c'est moi qui en avais tout le crédit. Mais il voulait qu'il en soit ainsi. Il devint mon arme secrète… et il finit par rester vingt-trois ans.

Pendant ces vingt-trois années, nous avons travaillé ensemble, nous avons rigolé ensemble et nous avons appris ensemble le métier de l'imprimerie. À la fin, ma petite entreprise a connu le succès et a gagné beaucoup de prix dans l'industrie. Mais je n'ai jamais oublié que mon succès repose sur les épaules d'un père aimant qui ne voulait pas voir son fils échouer. Il était toujours là pour moi, quoi qu'il arrive. J'ai un diplôme universitaire, mais c'est mon père, ouvrier dans l'automobile, qui m'a appris à gérer une entreprise.

Il a fini par prendre sa retraite à l'âge de soixante dix-sept ans. Il est mort subitement seize jours plus tard, dans la petite maison familiale au bord d'un lac où il s'était arrêté sur la route de son retour en Floride.

À bien des égards, je n'étais pas surpris. Il avait probablement planifié les choses de cette façon. Après tout, sa tâche était finalement terminée.

Chapitre 5

Comment réussir un lancement

Il n'y a pas d'art abstrait. On doit toujours avoir un point de départ.
Ce n'est qu'ensuite qu'on peut effacer les traces du réel.

Pablo Picasso

Alléluia ! Vous avez construit une cause qui va mettre une grande claque à tout le monde. Pour la prochaine étape, il vous faut un lancement hollywoodien – et non l'habituelle présentation insipide et soporifique. Ce chapitre vous explique comment raconter une histoire passionnante dans laquelle votre auditoire va s'immerger rapidement et qui va lancer votre cause.

Racontez une histoire

Les gens n'ont pas envie d'information supplémentaire.
Ils en ont par-dessus la tête des informations. Ils veulent croire – croire en vous, à vos objectifs, à votre succès, à l'histoire que vous racontez. **Annette Simmons**[47]

J'ai vu toutes sortes de lancements de produits allant de produc-

47 Annette Simmons, *Whoever Tells the Best Story Wins* [Celui qui raconte la meilleure histoire gagne], Amacom, 2007.

tions multimédia par des P-DG célèbres, à des présentations sur un vieux portable par des débutants, et la plupart suivaient le même script pathétique :

- Merci d'être là.
- Nous présentons aujourd'hui un nouveau produit révolutionnaire, transformationnel, et pour lequel nous avons un brevet en cours.
- Selon les versions, nous pouvons proposer ce nouveau produit à un prix bien inférieur. Laissez-moi discourir sur une liste de fonctionnalités vagues sous forme d'acronymes incompréhensibles.
- Ce produit sera bientôt disponible et nous n'avons pas encore défini son prix.

L'enchantement à son niveau zéro. Peut-être même le désenchantement assuré, car les gens partent moins curieux que lorsqu'ils ne disposaient que de rumeurs. Les lancements enchanteurs sont plus que des communiqués de presse, plus qu'une débauche de données, d'affirmations unilatérales et plus qu'un pitch commercial ennuyeux. Ils captent l'intérêt et l'imagination des gens grâce à une histoire fascinante.

Voici quatre types de scénarios proposés par Lois Kelly, l'auteur de *Beyond Buzz*[48], pour vous aider à élaborer une histoire digne de votre cause[49] :

- **Des aspirations exceptionnelles.** Nos héros veulent améliorer le monde et ils ont la conviction qu'il y a un meilleur moyen de s'y prendre. Travaillant nuit et jour et pendant leurs week-ends, ils ont créé un truc que les gens vont aimer au-delà de leurs rêves les plus fous. C'est ainsi que Steve Wozniak a facilité l'accès du plus grand nombre à l'ordinateur.
- **David contre Goliath.** Goliath part avec un avantage, il dispose de ressources incroyables et d'une armée immense. Mais le jeune David dégaine son arme

48 NDT : Lois Kelly, *Beyond Buzz* [Au-delà du buzz], Amacom, 2007.

49 Guy Kawasaki, « The Nine Best Story Lines for Marketing » [Les neuf meilleurs scénarios pour le marketing], Comment changer le monde (blog), 5 juillet 2007, http://blog.guykawasaki.com/2007/07/what-people-tal.html#axzz10gqAZ7Rg.

secrète, et inflige une défaite à Goliath défiant l'idée reçue qu'il est impossible qu'un petit puisse l'emporter sur un gros. Southwest Airlines en a fait la démonstration en s'attaquant aux grandes compagnies d'aviation.

- **Exemples de courage.** Nos héros ont connu l'injustice, la douleur et la souffrance. Malgré cela, ils ont persévéré et accompli des choses remarquables. Quand vous apprenez ce qu'ils ont fait, votre réaction est : « Je n'en aurais jamais été capable. » C'est ainsi qu'Oskar et Emilie Schindler ont protégé des Juifs pendant la Seconde Guerre mondiale.
- **Histoires personnelles.** Il n'est pas toujours nécessaire de raconter une épopée. Il suffit parfois d'être plus personnel pour illustrer son message. « Mon père avait une Cadillac qui a roulé 250 000 kilomètres sans problème majeur » est plus efficace que « cette voiture va vous durer longtemps ». Ou bien : « J'ai donné à mon fils adolescent un téléphone Android, et il m'a dit qu'il le préférait à son iPhone », plutôt que « les téléphones Android sont bien ».

Ce ne sont pas les faits mais la foi qui déplace les montagnes. Les faits ne font pas naître la foi. La foi a besoin d'une histoire – d'une histoire qui a du sens, qui permet aux autres de croire en vous et renouvelle l'espoir que vos idées offrent vraiment ce que vous promettez. La véritable influence va plus loin que le fait de pousser les gens à faire ce que vous voulez qu'ils fassent. Cela signifie que les gens s'emparent de vos idées parce qu'ils y croient. **Annette Simmons**

Immergez les gens

À San Diego en Californie, un organisation nommée Strategic Operations fournit une « simulation hyperréaliste » des conditions sur le champ de bataille pour entraîner le personnel militaire. La société fait partie de Stuart Segall Productions, un studio de télévision et de cinéma. Elle utilise des acteurs et des effets spéciaux pour créer une expérience de complète immersion qui vous fait oublier que vous êtes à San Diego ; les mitrailleuses tirent à blanc, les éclats d'obus sont en liège et les blessures ne sont que du maquillage.

Enrique Alvarez, l'un des acteurs hyperréalistes de Strategic Operations.

J'ai participé à un entraînement ; mon rôle était celui d'un diplomate américain à Helmandi, un village en Afghanistan. Lors de notre visite du village, l'ennemi nous a attaqués avec des grenades, a fait exploser une voiture et a tiré des coups de feu. Mes gardes du corps m'ont entraîné pour m'éloigner du danger. Si vous croyez que Steve Jobs est capable de faire croire aux gens l'invraisemblable, vous n'avez pas été attaqué à la grenade et n'êtes pas passé en courant devant un soldat qui hurlait avec la moitié de la jambe arrachée.

Faire mieux que de raconter des histoires, c'est plonger les gens dans votre cause. Si vous les captivez, ils oublient l'heure, perdent cynisme et scepticisme, et ils peuvent même mouiller leur chemise. Voici comment leur faire accepter l'invraisemblable :

- **Offrez des expériences indirectes.** Une expérience indirecte qui s'appuie sur de super moyens audio, vidéo ou sur une technologie de réalité virtuelle, permet aux gens de se mettre en situation. Ils se fondent dans l'expérience. Quand vous regardez le type de Blendtec déchiqueter un iPad, un téléphone ou un appareil photo, est-ce que vous ne vous imaginez pas en train de mettre le gadget dans le mixeur et d'appuyer sur le bouton ?

- **Soyez aussi près que possible de la situation réelle.** La leçon à tirer du fonctionnement de Strategic Operations est l'attention aux détails. La société reconstitue les villages pour que leur apparence, leur ambiance et leurs odeurs fassent vrai. Les acteurs sont en costume et parlent la langue du pays. Des agneaux pendent aux vitrines des boutiques. Des amputés jouent aux soldats avec des jambes arrachées. Quand vous faites le pitch de votre cause, plantez un décor aussi réaliste que possible.
- **Faites une super démo.** Les grands enchanteurs font des démos splendides. Le secret d'une super démo est de montrer le fonctionnement du produit et comment son utilisation va bien au-delà de ce que les gens veulent. Cela n'a rien à voir avec une énumération PowerPoint de fonctionnalités et d'avantages. Vous voulez que les gens s'imaginent à votre place, non qu'ils se demandent ce que signifie votre déballage marketing.
- **Trouvez l'ancrage et l'angle.** « *Anchor and twist* » (« l'ancrage et l'angle ») est une notion créée par Chip Heath, professeur à la business school de Stanford et Dan Heath, chercheur à la Duke University. Ils sont aussi les coauteurs de *Switch: How to Change Things When Change Is Hard*[50]. Trouver un ancrage et un angle consiste à expliquer une cause à partir de quelque chose de familier (l'ancrage), mais en lui donnant un sens différent (l'angle[51]). C'est une technique prisée des producteurs de films et des écrivains : « C'est comme *Dirty Harry*[52] mais en 2010 », ou bien, « c'est une version moderne de *How to Win Friends and Influence People*[53] ».

---

50 NDT : Dan et Chip Heath, *Switch: How to Change Things When Change is Hard* [L'Interrupteur : comment changer les choses quand le changement est difficile], Broadway Books, New York, 2010.

51 Dan et Chip Heath, « Selling Your Innovation: Anchor and Twist » [Vendre votre innovation : l'ancre et l'angle], *Fast Company*, 1er juillet 2008, www.fastcompany.com/magazine/127/made-to-stick-anchor-and-twist.html.

52 NDT : Traduit en français sous le titre *L'Inspecteur Harry* (1971), il s'agit d'un film américain de Don Siegel avec Clint Eastwood.

53 NDT : Dale Carnegie, *Comment se faire des amis*, Le Livre de Poche, 1990.

- **Positionnez-vous par rapport à des expériences antérieures.** Séduire les gens requiert de leur offrir du nouveau, de l'original et de l'élégant. Cela ne veut pas dire que vous devez changer leurs croyances fondamentales ; l'idéal est de les accompagner, qu'ils conservent leurs valeurs mais qu'elles s'expriment sous une forme nouvelle. Par exemple : « Vous avez toujours désiré une voiture rapide qui ne détruit pas l'environnement. Avec nos voitures de sport électriques, vous avez les deux. »

Pour que votre présentation entraîne une adhésion enthousiaste, demandez-vous ceci : « Qu'est-ce qui pourrait me faire perdre la tête immédiatement ? » Le but est de provoquer la même sensation que dans une montagne russe : l'impossibilité de penser à autre chose. C'est le test – il est difficile, mais c'est jouable.

Encouragez les gens à essayer

Le récit et l'immersion sont des moyens efficaces de susciter l'intérêt pour votre cause. L'étape suivante est le test grandeur nature – pour que les gens voient par eux-mêmes ce qu'il en est. Il faut que le test soit :

- **Facile.** Il faut pouvoir essayer sans trop de formation, de conseils, de compétence ou de temps. Il faut susciter l'envie d'essayer sur un coup de tête.
- **Immédiat.** Quand l'intérêt est à son comble, permettez-leur de poursuivre immédiatement. Donc ne faites pas remplir des formulaires interminables, attendre des mots de passe ou un accord avant de commencer.
- **Peu cher.** L'idéal, le seul coût pour les testeurs est de ne perdre que leur temps. Personne ne voudra payer le privilège de devenir votre client, même s'il s'agit d'un hôtel très recommandé à Paris.
- **Concret.** À la fin de l'essai, on doit noter des changements concrets dans son travail ou dans sa vie. On a besoin de voir une relation de cause à effet pour devenir des adeptes.
- **Réversible.** Si les gens essaient votre cause et ne l'aiment pas, il faut qu'ils puissent revenir sur leur décision. Pensez à la stratégie de Zappos : une politique de livraison et de reprise sans frais et sans demande de justification.

Amazon est un excellent exemple de l'art d'encourager l'essai. La société le fait de trois façons. D'abord, la fonctionnalité « Cliquez pour feuilleter ! » permet aux lecteurs d'examiner un livre avant de l'acheter. Cela atténue la frustration de ne pas pouvoir le feuilleter comme on le fait dans une librairie. Deuxièmement, on peut télécharger des pages de démonstration d'un livre numérique avant son achat. Troisièmement, quand on a acheté un livre pour Kindle, on peut le rendre sans donner d'explication dans les vingt-quatre heures qui suivent l'achat.

Amorcez la pompe

Adrian C. North, David J. Hargreaves et Jennifer McKendrick de l'université de Leicester ont mené une étude illustrant l'efficacité d'« amorcer la pompe ». L'étude, menée dans un supermarché anglais dans la région des East Midlands, consistait à présenter des vins français et allemands sur fond de musique française ou allemande[54].

Le supermarché a vendu quarante bouteilles de vin français et huit bouteilles de vin allemand sur fond de musique française. Sur fond de musique allemande, il a vendu vingt-deux bouteilles de vin allemand et douze bouteilles de vin français. Un questionnaire demandait aux clients s'ils avaient conscience d'influences extérieures pendant l'achat. Quand on leur a posé la question d'une façon générale, un seul a indiqué que la musique avait eu une influence. Quand le questionnaire a spécifiquement demandé si la musique avait de l'influence, seuls six des quarante-quatre sujets ont répondu que c'était le cas.

Selon l'interprétation des chercheurs, la musique peut « renvoyer à une information connue et déclencher certaines réactions

54 Tom Stafford, « Music, Wine, and Will » [Musique, vin et volonté], Mind Hacks (blog), 6 février 2006, http://mindhacks.com/2006/02/06/music-wine-and-will.

en relation avec cette information ». Donc, peut-être qu'une bonne musique (ou d'autres éléments du décor) peut vous aider à enchanter les gens ! Si vous avez une boutique, il sera bon d'éviter *Shop Around* et *Walk on by*[55].

Plantez beaucoup de graines

Le marketing traditionnel se concentre sur des gens influents, reconnus comme étant des experts. Il s'agit de journalistes, du top des blogueurs, d'analystes, de gourous de l'industrie et de consultants. La théorie est que si votre cause leur plaît, ils auront assez d'influence pour la faire adopter à la masse ignorante.

On est là dans la vieille théorie qui veut que les informations circulent du haut vers le bas, initiée par Moïse lorsqu'il est allé voir Dieu sur la montagne. Dans un monde post-Internet, les gens se fient autant à l'opinion de leurs amis et de leurs relations qu'à celle des experts, et ce changement a bouleversé le marketing. (Si vous voulez en savoir plus sur cette façon de voir le marketing, lisez l'article de *Fast Company,* « Is the Tipping Point Toast[56] ? » sur Duncan Watts, l'homme qui soutient cette opinion.)

Maintenant, quand les masses adoptent une cause, ce sont les personnes influentes qui doivent y faire attention, sous peine d'être larguées. Vos efforts pour obtenir leur bénédiction ne peuvent suffire. Voici comment prospérer dans ce monde nouveau :

- **Adoptez les inconnus.** Lonelyboy15 et LATrixie sont aussi susceptibles de faire de votre cause un succès que le top des blogueurs ou les journalistes traditionnels. Quiconque comprend, embrasse votre cause et veut répandre la bonne parole est digne de votre attention.

55 NDT : Deux succès des années 1960.

56 Clive Thompson, « Is the Tipping Point Toast? » [Le point de basculement est-il mort ?], *Fast Company*, 28 janvier 2008, www.fastcompany.com/magazine/122/is-the-tipping-point-toast.html.

- **Abandonnez l'illusion de contrôle.** L'omniscience et l'omnipotence sont des illusions. Vous ne pouvez pas savoir qui peut vous aider ou vous aidera. Vous ne pouvez pas non plus contrôler les gens que vous ne connaissez pas. Bien sûr, créez le marketing, l'image de marque et le positionnement qui, selon vous, marcheront le mieux, et ensuite laissez courir et suivez le mouvement.
- **Plantez beaucoup de graines.** Voyez-y une sorte de « dissémination naturelle ». Cela veut dire planter des champs, non des bacs de fleurs. C'est une stratégie des grands nombres : plus il y a de graines, plus grand sera le nombre des inconnus que vous toucherez et plus ces inconnus seront susceptibles de se transformer en une « personne » dévouée à votre cause.

Il y a une différence importante entre les inconnus et les gens influents. Les gens influents sont si occupés par leur image que, souvent, ils ne font même pas attention aux produits qu'ils utilisent. Ils essaient un produit un petit moment (ou demandent à un stagiaire de le faire), émettent un jugement et passent ensuite au nouveau truc qui brille.

Les inconnus ne sont pas si distraits. Ils doivent utiliser les produits dans leur travail et ils comprennent donc ce qui est nécessaire et bien (ou mauvais). Les inconnus, par exemple, ont décidé que le Macintosh était adapté à la PAO. Ils ont également décrété qu'il n'était pas bien pour les tableurs, les bases de données et le traitement de texte.

La qualité est plus importante que jamais, car votre produit doit survivre au-delà de l'examen rapide d'une personne influente. Mais la bonne nouvelle est qu'il est plus facile d'atteindre les inconnus et que n'importe lequel d'entre eux peut devenir un oracle ; donc souvenez-vous que les inconnus sont les nouvelles personnes qui comptent.

Demandez aux gens quelle est leur intention

Dans *Nudge: Improving Decisions About Health, Wealth, and Happiness*[57], Richard Thaler et Cass Sunstein expliquent que lorsque vous essayez de mesurer les intentions des individus, vous affectez aussi leur action. C'est ce qu'on appelle « l'effet de mesure ».

L'implication de ce phénomène est que vous devriez demander aux gens dès le début s'ils ont l'intention de vous soutenir. Je dis bien : demandez-leur. Vous en récolterez trois avantages :

- Vous saurez quelle est leur position. Cela peut vous aider à revoir votre produit et votre marketing suffisamment tôt dans la phase de lancement.
- Le fait de demander implique ceux qui s'engagent vis-à-vis de vous. Comme l'un de mes anciens patrons me l'a dit un jour : « On n'a rien si on ne demande pas. »
- Si les gens s'engagent vis-à-vis de vous, ils auront envie de tenir parole (pour plus d'information sur ceci, voyez le chapitre 7 : « Comment faire perdurer l'enchantement »).

Un simple suivi peut faire bouger ceux qui ne se prononcent pas, donc n'ayez pas peur de demander. Il y a aux États-Unis un vieux slogan commercial toujours vrai : ABC (Always be closing) – soyez toujours en train de conclure.

57 NDT : Richard H. Thaler, Cass R. Sunstein, *Nudge: Improving Decisions About Health, Wealth, and Happiness* [Le Coup de pouce : améliorer ses décisions en matière de santé, richesse et bonheur], Penguin Books, New York, 2009, p. 71.

Limitez les choix

Sheena S. Iyengar de l'université de Columbia et Mark R. Lepper de l'université de Stanford ont démontré que moins il y a de choix, plus on est susceptible d'acheter[58].

Les chercheurs ont mené cette enquête chez Draeger à Menlo Park en Californie, un supermarché haut de gamme. (Si vous fermiez les yeux en jetant des balles de base-ball dans ce magasin, vous démoliriez des capital-risqueurs et des banquiers d'investissement et le monde n'en serait que meilleur.) Pendant deux samedis consécutifs, ils se sont arrangés pour que les clients tombent sur une table présentant ou six ou vingt-quatre sortes de confitures.

Quand il y avait six variétés de confitures, 40 % des clients s'arrêtaient à la table. Quand il y en avait vingt-quatre, 60 % s'arrêtaient. Donc, dans un premier temps, une plus grande sélection peut augmenter l'intérêt. Mais si on regarde le remboursement des coupons, 30 % de ceux qui s'étaient arrêtés à l'étalage de six ont fait un achat contre 3 % de ceux qui avaient vu l'étalage de vingt-quatre.

Passons de cette étude au monde réel : une chaîne populaire de supermarchés en Espagne, Mercadona, n'offre que deux options pour beaucoup de produits : leur marque (Hacendado) et la marque indépendante la plus connue. Les résultats de l'étude chez Draeger légitiment cette pratique.

Un plus grand nombre de choix peut aussi être une cause d'insatisfaction parce qu'on peut regretter ce qu'on a acheté en se demandant si un choix différent aurait été préférable. Quand il y a plus d'options, il y a aussi plus de regrets. Un plus grand éventail de

58 Sheena S. Iyengar and Mark R. Lepper, « When Choice is Demotivating: Can One Desire Too Much of a Good Thing? » [Quand le choix est démotivant : peut-on désirer trop d'une bonne chose ?], blog de Sheena S. Iyengar sur le site web de l'université de Columbia, www.columbia.edu/~ss957/whenchoice.html.

choix peut parfois paralyser ; donc un choix moindre pourrait vous aider à enchanter.

Augmentez les choix

D'un autre côté, regardez le cas de Miyo, une boutique de glaces au yoghourt à deux pâtés de maisons de Draeger. Là, les clients peuvent remplir leur coupe de quinze parfums différents (y compris la goyave) et ajouter jusqu'à soixante-neuf types de garniture (chocolat avec des amandes, de la banane, des fraises, des lychees et même du mochi).

La taille de la coupe et le choix des garnitures vous encouragent à créer un mélange que vous ne commanderiez jamais à un serveur. Le prix de la coupe dépend du poids, donc plus il y en a, mieux c'est pour Miyo.

Quel est le verdict ? Moins ou plus de choix ? Peut-être une décision est-elle plus importante quand il s'agit de confiture parce que vous en avez pour un moment à manger les pots – donc la décision est plus difficile à prendre. Les enjeux sont moindres quand il s'agit d'une coupe de glaces, donc l'abondance n'est pas un obstacle. Si vous le pouvez, essayez les deux techniques et dites-moi celle qui marche le mieux pour vous.

Illustrez le point fort

Les points forts s'emparent des faits pour communiquer sur les conséquences de votre décision. Par exemple, une étiquette sur un hamburger au fromage affirmant : « Vous prendrez une livre en mangeant cela » est une information plus percutante que « nombre de calories : 1 500 ». Voici d'autres exemples :

- **Voitures:** litres de carburant aux cent kilomètres par rapport au coût annuel d'essence par an.
- **Chauffage:** réglage de la température sur le thermostat par rapport au coût mensuel en chauffage.
- **iPod:** capacité de stockage en gigaoctets par rapport au nombre de chansons et vidéos qu'on peut stocker.
- **Organisations caritatives:** somme donnée par rapport à la durée pendant laquelle votre don nourrira un enfant.

Dans tous les cas, le premier élément d'information ne comporte que des données. Il faut une information supplémentaire pour donner un sens au message. Ce second élément explique tout de suite un facteur important. Mettez-vous à la place des autres et demandez-vous : « Cette information m'aide-t-elle à prendre une décision ? » Le point fort est celui qui permet de prendre une bonne décision rapidement. Donc, fournissez ce genre d'information aux gens que vous essayez d'enchanter.

Demandez plus pour obtenir moins

Ma fille de neuf ans m'enchante tout le temps. L'une de ses tactiques préférée est de me demander de l'emmener chez Cheeky Monkey, un magasin de jouets du coin. Ce magasin est conçu pour s'adresser à des parents « hélicoptères » (ainsi nommés parce que leur vie tourne autour de celle de leurs enfants), qui ne reculent devant aucune dépense pour leurs irremplaçables petits trésors. Donc quand on va chez Cheeky Monkey, dépenser moins de 20 dollars est mission impossible.

Quand je lui dis « non » pour Cheeky Monkey, ma fille revient à la charge en disant : « Alors, est-ce qu'on peut aller à la confiserie pour acheter une sucrerie ? » Je lui dis rarement non. (honnêtement [...]), je ne me vois pas lui dire non jusqu'à ce qu'elle se marie – et peut-être même après. Et il est certain que je ne vais rien lui refuser si elle me donne des petits-enfants.)

Avec le recul, je me dis que je n'aurais pas dû lui raconter le livre de Robert Cialdini pour l'endormir, parce qu'elle a maitrisé ce qu'il appelle le « principe de comparaison ». Cela veut dire qu'après une requête importante, celle d'aller acheter des jouets à Cheeky Monkey, sa demande pour des bonbons semble par comparaison raisonnable. Donc je ne peux pas refuser.

Mais on peut faire mieux. Si vous obtenez dès le départ l'accord des gens pour des soutiens minimes, ils sont plus susceptibles de vous en accorder de plus grands à l'avenir. En 1996, Jonathan L. Freedman et Scott C. Fraser ont réalisé une étude où ils demandaient à leurs participants s'ils pouvaient aller chez eux pour faire la liste des appareils électroménagers qu'ils utilisaient. Seuls 28 % ont accepté.

Quand ils ont demandé aux participants de répondre à quelques questions pour une enquête et ont ensuite rappelé trois jours plus tard pour aller chez eux, 53 % ont accepté. En mettant le « pied dans la place » grâce à une petite requête, les chercheurs ont doublé leur taux de succès[59].

Quelqu'un devrait conduire une étude combinant les deux techniques : en d'autres termes, premièrement les chercheurs demanderaient aux participants une faveur importante, comme celle d'aller chez eux. Deuxièmement, en cas de refus, les chercheurs leur demanderaient une petite faveur : « Alors, que pensez-vous de l'idée de répondre juste à quelques questions ? » Enfin, après trois jours et après avoir mis un pied dans la place, les chercheurs demanderaient de nouveau à ceux qui auraient participé à l'enquête l'autorisation d'aller chez eux.

J'espère seulement que ma fille n'apprendra jamais l'art de mettre un pied dans la place.

La première personne à vous suivre est importante

En 2010, Derek Sivers, le fondateur de CD Baby, a montré une vidéo à la conférence TED. Cette vidéo montrait une personne en train de danser dans un champ. Puis elle était rejointe par une seconde personne – validant le leader. Puis une troisième est arrivée et la foule s'est transformée en un festival de danse[60].

---

59 Jonathan L. Freedman and Scott C. Fraser, « Compliance Without Pressure: The Foot-in-the-Door Technique » [La conformité sans pression : la technique de mettre un pied dans la place], *Journal of Personality and Social Psychology,* n° 4, 1966, p. 195-202.

60 NDT : Pour voir cette vidéo présentée lors de la conférence TED : « How to start a movement » [Comment commencer un mouvement], http://www.ted.com/talks/derek_sivers_how_to_start_a_movement.html.

Le premier suiveur arrive et légitimise le mouvement.

Sivers considère que la première personne à vous suivre est importante, parce qu'elle vous apporte votre crédibilité de leader. Puis ceux qui suivent imitent le premier à vous suivre, et pas seulement le leader. En d'autres termes, « le premier suiveur est celui qui transforme le timbré solitaire en leader ». Les techniques discutées dans ce chapitre ont pour but d'attirer les premiers suiveurs. Vous devriez donc maintenant être au point pour dépasser le stade du « timbré solitaire ».

Mon histoire personnelle, par Matt Maurer

Matt Maurer est un entrepreneur et ancien capital-risqueur dans la région de San Francisco. Dans son histoire personnelle, il explique comment Vibram a lancé ses chaussures de course originales.

JE ME CONSIDÈRE COMME UN CONSOMMATEUR EXTRÊMEMENT SCEPTIQUE, NE M'ÉTANT complètement abandonné à un produit qu'une seule fois en dix ans – et contre toute attente, à une paire de chaussures.

Un jour, en finissant mon jogging matinal dans le parc, tout haletant, j'ai vu un coureur passer dans la direction opposée. Il portait des chaussures très étranges – si on peut appeler cela des chaussures – qui avaient l'air d'un hybride entre des chaussettes à doigts et des tongs. Elles ne recouvraient même pas le dessus de son pied et je pouvais voir le contour de chaque doigt dans sa petite poche.

Cela m'a renvoyé à une conversation avec un ami où nous disions que nous préférions tous les deux courir pieds nus sur la plage plutôt que de courir sur la route en chaussures, et quelque chose a alors fait tilt dans mon esprit. J'ai fait demi-tour et j'ai couru pour rattraper le gars – lui tapant sur l'épaule et le faisant sursauter.

Tout en lui demandant de m'excuser, je lui ai parlé de ses chaussures et, tout excité, il s'est lancé dans une théorie appelé le mouvement des pieds nus et a expliqué pourquoi les chaussures de course traditionnelles, donnant un excès de support aux mouvements naturels du corps, altèrent l'enjambée et accroissent les risques de blessures. Au départ, j'ai simplement pensé que ce type avait gobé un boniment marketing ; mais alors que nous parlions tout en marchant, ses théories révélaient un certain bon sens, ce qui a complètement remis en cause ce que je croyais savoir.

J'étais si intrigué que j'ai cherché partout une paire de ces chaussures pour les essayer. En vain – apparemment la société les distribuait stratégiquement au compte-gouttes, et j'ai donc résolu que si je les trouvais quelque part, je les achèterais instantanément. Et puis, après une douzaine de coups de téléphone, j'en ai trouvé une seule paire dans une boutique pour coureurs... dans l'Ohio.

Je ne sais pas ce qui m'a captivé le plus, l'affirmation que les chaussures traditionnelles ne respectaient pas le mouvement naturel ou la perception de la rareté du produit, mais je sais pourquoi j'ai conclu l'affaire – parce que ces chaussures me conviennent vraiment. Non seulement elles imitent la sensation de courir pieds nus où que l'on soit, mais leur utilisation a également fait disparaître une fois pour toutes mes périostites tibiales récurrentes.

En fait, pour parler comme le converti pur et dur que je suis devenu, je peux dire que la seule caractéristique des *Five Fingers* de Vibram qui me peut gêner aujourd'hui quand je cours, c'est la tendance des autres coureurs à m'arrêter pour me demander : « Mais, qu'est-ce que vous avez aux pieds ? », ou maintenant, quelque chose de plus fréquent : « Est-ce que ces trucs marchent vraiment ? »

Chapitre 6

Comment vaincre les résistances

Pour voler, il faut s'appuyer sur la résistance (de l'air).

Maya Lin

Les nouvelles sont bonnes : vous avez lancé votre cause et la partie continue. Les premiers suiveurs sont déjà là. Maintenant, la mauvaise nouvelle : vous commencez à comprendre qu'enchanter est un processus, non un événement et que le « succès instantané » est un oxymore. Vous allez être confronté à des réticences, et les gens résistent souvent à ce qui en vaut la peine. Ce chapitre explique pourquoi les gens résistent, et comment les encourager à vous rejoindre.

Pourquoi les gens sont réticents

En 1984, la filiale américaine de Nintendo n'était pas un fabricant de jeux de premier ordre. Elle est allée au Consumer Electronics Show de Las Vegas pour présenter un produit appelé Family Computer ou Famicon. Fin 1984, Famicom était la console de jeux la plus vendue au Japon, alors que les tentatives du Nintendo Entertainment System (NES) de pénétrer le marché avaient échoué[61].

À l'époque, les Américains pensaient que le business du jeu vidéo était fini. L'une des raisons en était que les jeux minables de l'Atari 2600 avaient dégoûté les consommateurs. C'est dans ces circonstances que Nintendo a introduit le Robotic Operating Buddy, or R.O.B., pour le NES. C'était un robot gris d'une trentaine de centimètres avec un fusil laser ; il tournait sur son axe. Seuls deux jeux, Gyromite et Stack-Up, étaient compatibles avec ce robot.

Cependant Nintendo fit de R.O.B plus qu'une extension périphérique. La société utilisa R.O.B. pour positionner le NES comme un jouet, non comme un jeu vidéo. Nintendo créa même une campagne de pub télé pour faire oublier l'écran de télévision et le dissocier davantage du jeu vidéo.

Les enfants ont aimé d'emblée. Ils ont demandé à leurs parents le robot Nintendo, et non le jeu vidéo. Les mots *science* et *éducatif* ont peut-être même été utilisés. Le reste appartient à l'histoire : Nintendo a surmonté la réticence des détaillants et des parents, vendant un million d'unités du NES la première année et trois millions la seconde année – énorme succès pour le produit.

La possibilité d'enchanter requiert que l'on comprenne la raison de la réticence des individus à soutenir une cause. Dans le cas de Nintendo, les Américains avaient considéré que le segment du jeu vidéo était mort. Voici les cinq sources communes de résistance que vous pourriez rencontrer dans des circonstances similaires :

- **Inertie.** C'est la loi de l'enchantement selon Guy : les gens au repos vont rester au repos et les gens en mouvement continueront à avancer dans la même direction, sauf s'ils se font bousculer par un enchanteur extérieur. Les relations existantes, le confort dans le *statu quo*, la paresse et nos occupations freinent le changement.

61 GameSpy staff, « 25 Smartest Moments in Gaming » [Les 25 moments les plus intelligents dans le gaming], Gamespy.com, 21-25 juillet 2003, http://archive.gamespy.com/articles/july03/25smartest/index22.shtml.

- **Peur de limiter les options.** Les gens aiment, ou du moins le croient-ils, avoir la possibilité de faire des choix en toute liberté et en présence d'un éventail de choix (sauf, peut-être, quand il s'agit de confitures). Ainsi prendre une décision équivaut à réduire les options, et cette perspective effraie les gens.
- **Peur de faire une erreur.** Les gens peuvent penser que tant qu'ils n'ont pas fait de choix, ils n'ont pas fait d'erreur. Une fois qu'ils ont fait un choix, ils l'ont fait à tort ou à raison. La peur de découvrir le résultat peut expliquer la réticence – même si ne pas faire de choix en est un en soi.
- **Absence d'exemples.** Quand il n'y a pas d'exemples, les gens n'ont pas de comportement à copier et donc ils hésitent à essayer. C'est pourquoi les premiers utilisateurs sont si importants, comme le montre Derek Sivers dans sa vidéo des danseurs dans le champ.
- **Votre cause craint !**Il n'y a pas d'autre façon de le dire : vous ou votre cause, ça peut craindre. Dans ce cas, les gens ont raison d'être réticents. Dieu vous en garde, mais c'est souvent le cas.

Aucun de ces facteurs n'est insurmontable, sauf si votre cause craint vraiment et pour toujours. La résistance au changement est la norme, non l'exception. Les « succès instantanés » le sont rarement, et si vous parliez aux auteurs de ces succès, vous découvririez qu'ils sont le résultat de mois de peur, d'incertitude, de confusion et de rejets flagrants.

Fournissez une preuve sociale

La démonstration publique, ou « preuve sociale », rassure. Cela veut dire que si d'autres le font, c'est que cela doit être bien, normal, cool, et c'est peut-être même comme cela qu'il faut le faire. En conséquence, si vous pouvez montrer aux gens que d'autres embrassent votre cause, vous pouvez les convaincre de le faire aussi. Voici trois très bons exemples de l'efficacité de la preuve sociale :

Exemple 1 : L'un des étudiants en mastère de Robert Cialdini a fait une expérience dans le parc national de la Petrified Forest[62] dans l'Arizona. L'étudiant avait placé deux panneaux différents sur une piste et observé comment ces panneaux modifiaient les statistiques sur les vols[63].

Sur l'un des panneaux, on lisait : « De nombreux visiteurs dans le passé ont enlevé du bois pétrifié dans ce parc, modifiant l'état naturel de la Petrified Forest », et on voyait plusieurs personnes ramassant du bois pétrifié. Sur l'autre panneau, on lisait : « Merci de ne pas enlever de bois pétrifié dans ce parc pour préserver l'état naturel de la Petrified Forest », et on ne montrait qu'une seule personne ramassant du bois.

Lorsqu'il n'y avait pas de panneau, les visiteurs prenaient 2,92 % du bois pétrifié que les expérimentateurs avaient placé sur la piste. Lorsque le panneau représentait de multiples personnes ramassant du bois pétrifié, les visiteurs prenaient 7,92 % du bois marqué – en d'autres termes, il y avait plus de chapardage avec ce panneau.

Lorsque le panneau ne montrait qu'une seule personne ramassant du bois, les visiteurs ne prenaient que 1,67 % du bois. En conclusion, les gens en déduisent que faire quelque chose de mal est acceptable si d'autres le font aussi. Par contre, en postulant que peu de gens se comportaient mal, on obtenait l'effet désiré.

Exemple 2 : Dans diverses civilisations, les familles paient des femmes pour pleurer aux enterrements. J'ai posté un message sur mon blog pour le vérifier et mes lecteurs m'ont dit que c'est le cas au Pakistan, en Israël, en Russie, en Inde, en Espagne, au Liban, en Chine, en Roumanie, en Malaisie, en Serbie et au Vietnam. Au Vietnam, il y a même deux niveaux de prix : avec ou sans larmes !

---

62 NDT : La forêt pétrifiée : http://fr.wikipedia.org/wiki/Parc_national_de_ Petrified_Forest.

63 Noah J. Goldstein, Steve J. Martin, and Robert B. Cialdini, *Yes! 50 Scientifically Proven Ways to be Persuasive*, *op. cit.*, p. 21-23.

Ces femmes font la démonstration publique que le défunt était aimé et sera regretté. Il y a même une fable d'Ésope sur cette pratique :

> Il était une fois un homme riche qui avait deux filles, et l'une d'elles mourut. Il engagea quelques femmes pour son enterrement, et celles-ci se répandirent en un chœur de lamentations. La fille restante fit remarquer à sa mère : « Nous sommes sûrement des femmes affreuses pour être incapables de nous lamenter sur notre propre deuil quand ces femmes qui ne sont même pas de la famille, se frappent la poitrine et ont tant de chagrin. » La mère répondit : « Rien de surprenant, mon enfant : elles font cela pour l'argent ! »

Exemple 3 : Colleen Szot, une rédactrice d'infopublicités, a fait augmenter les ventes quand elle a modifié la formule standard : « Les standardistes vous attendent, merci de les appeler maintenant », en : « Si les standardistes sont occupées, merci de rappeler plus tard. » Quand les gens ont entendu le nouveau pitch, ils en ont conclu que le produit se vendait si bien que les standardistes n'arrivaient pas à gérer tous les appels[64].

Après avoir pris connaissance de la notion de preuve sociale, j'ai modifié l'un de mes modèles de réponse aux e-mails. Toutes les fois que les gens m'écrivaient, je leur disais de visiter mon site web, Alltop.com. Puis j'ai fait un changement comme Szot et j'ai ajouté cette ligne : « Si le site est lent ou bloqué, merci de réessayer, car nous sommes écrasés par le trafic. » À l'époque, nous avions, en fait, des problèmes d'extensibilité, mais il est peu courant de décrire cela comme une fonctionnalité alors que c'était un bug.

J'aimerais pouvoir vous dire que cela a significativement augmenté le trafic. À vrai dire, je ne sais pas si cela a eu un effet parce que nous avons modifié plusieurs choses en même temps. C'est toute la différence entre une expérimentation scientifique bien conçue et le monde réel où on est prêt à tout pour améliorer les résultats.

---

64 Noah J. Goldstein, Steve J. Martin, and Robert B. Cialdini, *Yes! 50 Scientifically Proven Ways to be Persuasive*, *op. cit.*, p. 9-10.

Créez une impression d'ubiquité

La preuve sociale implique que lorsque beaucoup de gens font une chose, c'est parce que c'est bien, ou parce que c'est ce qu'il faut faire. La notion de « présence heuristique » est une notion liée qui dit que plus il vous est facile de trouver un exemple, plus le cas se présente. Par exemple, dans chacune de ces deux façons de mourir, choisissez celle qui est la plus courante :

- Meurtre ou suicide ?
- Attaque par un requin ou piqûre de guêpe ?
- Accident d'avion ou chute dans une baignoire ?
- Suicide, piqûre de guêpe, chute dans une baignoire ou accélération involontaire d'une Toyota ?

La réponse dans chaque groupe est le facteur dont vous entendez probablement le moins parler : les suicides, piqûres de guêpe, les chutes dans des baignoires provoquent plus de morts que les meurtres, les attaques de requins et les accidents d'avions. L'accélération involontaire des Toyota peut avoir causé la mort de quarante personnes en dix ans, mais ce n'est pas ce qu'on est porté à croire compte tenu de la couverture médiatique sur les malheurs de Toyota en 2009-2010.

Pour la plupart des gens, il est difficile de penser à des exemples de mort par suicide, des suites d'une piqûre de guêpe ou d'une chute dans une baignoire, parce que les médias parlent rarement de tels événements et il faudra attendre longtemps avant de voir un film où Brad Pitt mourrait d'une piqûre de guêpe dans les bras d'Angelina Jolie.

Dans un autre domaine, les fils blancs des écouteurs signalaient les utilisateurs d'iPod. Dans la foule des amateurs d'high-tech, il était facile d'imaginer des gens qui en avaient. Du coup, les iPod semblaient omniprésents et cette impression les a rendus tels. Y a-t-il quelque chose de plus séduisant qu'une spirale ascendante ?
Le mot de la fin est : ce qui vous est familier vous implique, pas ce que vous dédaignez.

Créez une impression de rareté

Parfois, la preuve sociale et l'ubiquité ne sont pas viables en raison d'une question de prix (voitures) ou de disponibilité (art), mais vous voulez tout de même que les gens désirent ce que vous faites. Dans ce cas, il est bon de savoir qu'ils attribuent plus de valeur à ce qu'ils croient être rare. Voici trois exemples :

Exemple 1 : Quand Google a introduit son service d'e-mail, appelé Gmail, on ne pouvait avoir un compte que sur invitation. Croyez-vous que Google avait une limite de bande passante ou de capacité en serveurs ou qu'il y avait des raisons réelles à restreindre les invitations ? Pas moi. Le désir d'avoir des invitations Gmail créa une telle folie que les gens en vendaient sur eBay.

Exemple 2 : L'illusion de rareté est fondamentale dans le monde du capital-risque de la Silicon Valley. Ici la seule chose qui soit pire que faire un mauvais investissement est de ne pas faire partie d'un bon deal. Craig Johnson, l'un des parrains de la Silicon Valley sur la législation financière, conseillait aux jeunes entrepreneurs qu'il avait pour clients de dire aux investisseurs potentiels pour les encourager : « Le train va quitter la gare et il ne reste pas beaucoup de places. »

Exemple 3 : Mes amis en Angleterre gèrent un site de chat qui s'appelle XAT, où des milliers de gens communiquent en chat tous les mois. Le site vend des « pouvoirs » qui permettent de personnaliser son environnement ; par exemple, un pouvoir nommé « Diamant » ajoute un fond en forme de diamant à un smiley habituel.

Quand XAT propose un nouveau pouvoir, les clients en achètent plusieurs milliers en quelques secondes. XAT retire le pouvoir quand il cesse de se vendre, et son prix augmente sur le marché secondaire. Diamant se vendait initialement à un dollar ; quelques mois plus tard, il se vendait à dix.

L'illusion (ou la réalité, en l'espèce) de rareté peut être un obstacle. Pourtant, il y a des gens qui aiment surmonter les obstacles ; la rareté augmente donc le buzz et les charmes de votre cause – par exemple, Matt Mauer se lançant à la recherche des *Five Fingers* de Vibram à la fin du chapitre 5 (« Comment réussir un lancement »). De plus, si la quantité est limitée, vous pouvez l'utiliser comme un moyen de créer des liens avec vos clients : « Je fais quelque chose de spécial pour vous en vous satisfaisant. »

Voici un autre avantage à la rareté : elle encourage la création d'un marché secondaire, comme les invitations Gmail sur eBay. Les comptes Gmail ont gagné en attrait quand les gens ont su qu'on les y vendait.

Note : Ces trois sections font des recommandations qui semblent se contredire : preuve sociale et ubiquité ou rareté – que choisir ?

Le niveau d'incertitude et de doute permet de choisir ce qui est adéquat à la situation. Par exemple, si les gens ont des incertitudes ou des doutes sur votre cause, choisissez la preuve sociale et l'ubiquité pour les mettre à l'aise. S'il y a peu d'incertitude ou de doute, choisissez de vous faire rare pour les attirer.

Ou mieux, vous pourriez utiliser les deux : faire la démonstration que quelque chose d'adopté et de solide est aussi rare.

Montrez votre magie aux gens

Waterford, le fabricant de cristal à Dublin en Irlande, a licencié plus d'un millier d'artisans au moment de l'automatisation de sa chaîne de production en 1987. Quatre ans plus tard, Denis Ryan a convaincu trois des employés licenciés de partir en Nouvelle-Écosse pour maintenir leur métier. Ils ont ouvert une usine et un showroom en 1996 et appelé la société Nova Scotian Crystal. Elle est située près de l'Océan sur les rives d'Halifax.

Par beau temps, la société relève la porte du garage sur la rue pour que les passants puissent regarder à l'intérieur de l'atelier et observer les artisans à l'œuvre. Des présentateurs utilisent une sono pour expliquer ce qui se passe. Selon Rod McCulloch, le P-DG de l'entreprise, permettre aux gens de voir le processus de fabrication les conduit ensuite dans le showroom, où ils achètent des verres à 80 dollars.

Quand les gens sont témoins de votre magie – fabrication, brasserie, cuisine, design –, ils développent un intérêt pour ce que vous faites et ils sont plus susceptibles d'acheter vos produits, de soutenir votre idée ou de rejoindre votre cause. Les visites d'usines et un coup d'œil dans les coulisses sont des outils puissants pour enchanter.

Touristes spectateurs de la magie à Nova Scotian Crystal.

Pensez à ceci : Connaissez-vous quelqu'un qui, après la visite d'un vignoble, n'ait pas conclu que la cuvée était bonne ?

Trouvez un exemple

En novembre 2005, un moineau entra dans le Frisian Expo Centre de Leeuwarden aux Pays-Bas quelques heures avant l'ouverture du Domino Day[65] de 2005. Le vilain moineau avait renversé quelques dominos, ce qui avait entraîné la chute de 23 000 pièces. Heureusement, quelque quatre millions de dominos échappèrent au désastre grâce à des interstices de protection dans la structure.

La société de production de la conférence engagea l'entreprise Duke Faunabeheer pour attraper le moineau, mais sans succès, donc un employé tira sur l'oiseau. À cette nouvelle, Dierenbescherming, une association de défense des droits des animaux, lança une action en justice contre Faunabeheer et la société de production de l'événement. Le procureur public condamna le tireur à une amende de 200 euros pour avoir tué un animal appartenant à une espèce protégée.

Les médias et les blogueurs entrèrent dans la bagarre. Ruud de Wild, un animateur radio, offrit une récompense de 3 000 euros à qui renverserait tous les dominos. Il finit par y avoir des menaces de mort adressées à la société de diffusion chargée de couvrir l'événement et à la société de production. Le Natuurhistorisch Museum de Rotterdam exposa même l'oiseau mort pendant sept mois.

Des millions de personnes sont mortes au Rwanda ou au Darfour, et on peut s'interroger : pourquoi les gens font-ils l'impossible pour sauver un individu (voire même un oiseau) alors qu'ils semblent indifférents aux génocides et massacres ? Paul Slovic de l'université de l'Oregon a étudié ce phénomène. Sa conclusion est que les statistiques sur les tragédies de masse « ne parviennent pas à exprimer

65 NDT : Pour plus d'informations sur cet événement annuel de tombé de dominos : http://fr.wikipedia.org/wiki/Domino_Day.

la signification réelle de ces atrocités. Les chiffres n'arrivent pas à déclencher l'émotion et les sentiments, et en conséquence, échouent à susciter l'action[66] ». Les grands nombres nous écrasent : « Je ne peux pas faire la différence – le problème est trop important. »

Ceci signifie que moins veut dire plus quand il s'agit d'enchanter. Slovic recommande plusieurs éléments pour inciter les gens à l'action au lieu de les faire renoncer :

- **Utilisez des images.** Les images ont plus de pouvoir que les mots. La photo de quelques personnes, ou même d'une seule, peut provoquer et répandre des émotions fortes. Par exemple, quelque 58 193 soldats américains sont morts pendant la guerre du Vietnam, mais c'est une photo du lieutenant-colonel Nguyen Ngoc Loan exécutant un soldat vietcong qui a fini par incarner la brutalité du conflit.

Photo prise par Eddie Adams (1933-2004).

66 Paul Slovic, « "If I Look at the Mass I Will Never Act": Psychic Numbing and Genocide » [« Si je regarde ce que fait la masse, je n'agirai jamais » : Engourdissement psychique et génocide], *Judgment and Decision Making,* vol. 2, n° 2, avril 2007, http://journal.sjdm.org/7303a/jdm7303a.htm.

Le plus étonnant est que le photographe, Eddie Adams, n'y voyait pas un commentaire sur la guerre du Vietman. Des années plus tard, il a décrit ce qui s'était passé : « Je n'en pensais absolument rien du tout. Je suis retourné au bureau de l'Associated Press et je l'ai déposée. " Je crois que j'ai pris un type en train de tirer sur quelqu'un ", ai-je dit, et je suis allé déjeuner. » Souvenez-vous de cette remarque d'Eddie quand vous lirez le chapitre 12 (« Comment résister à l'enchantement »), où je parle du fait de ne pas se laisser séduire par un seul événement.

- **Illustrez les chiffres.** En 1994, les partisans du contrôle des armes à feu ont disposé quarante mille paires de chaussures autour de la Reflecting Pool à Washington[67]. Les chaussures représentaient le nombre des victimes de coups de feu chaque année aux États-Unis. À l'époque, le Congrès envisageait de faire passer une loi pour le contrôle des armes à feu, et la pile de chaussures était une façon puissante et poignante d'illustrer l'effet des armes à feu en Amérique[68].
- **Racontez des histoires.** Les récits personnels comme le *Journal d'Anne Frank*[69] et *La Nuit*[70] *d'Élie Wiesel* exprimaient l'impact véritable et la signification de la mort des six millions de Juifs pendant la Shoah. Les histoires personnelles sont des outils puissants pour rendre concrets des événements importants.

Appliquez également ces principes pour aider les gens à adopter votre cause. Quand vous tenez un très bon exemple, le nombre « un » n'est pas le nombre le plus solitaire – il pourrait être le plus efficace.

---

67 NDT : Il s'agit de l'un des lieux intéressants du West Potomac Park. Pour plus d'informations : http://fr.wikipedia.org/wiki/West_Potomac_Park.

68 Fox Butterfield, « Silent March on Guns Talks Loudly: 40 000 Pairs of Shoes, and All Empty » [La marche silencieuse contre les armes à feu parle fort : 40 000 paires de chaussures et toutes sont vides], *New York Times*, 21 septembre 1994, www.nytimes.com/1994/09/21/us/silent-march-on-guns-talks-loudly-40000-pairs-of-shoes-and-all-empty.html.

69 Anne Frank, *Journal*, Le Livre de Poche, 1977.

70 Élie Wiesel, *La Nuit*, Les Éditions de Minuit, 2007.

Trouvez un terrain d'accord

La diplomatie est l'art de faire abonder quelqu'un dans son sens. **Daniele Varè**

Une fois qu'on a trouvé un terrain d'entente, on est plus sympathique et quand on est plus sympathique, on est plus susceptible de vaincre les résistances. Quand on a mis un pied dans la place, établi une tête de pont ou un terrain commun, on a les bases pour construire la suite ainsi que l'illustrent les histoires suivantes :

Histoire 1 : La France et l'Allemagne étaient en désaccord sur les subventions pour l'agriculture et les réglementations commerciales, mais elles étaient d'accord sur la nécessité d'unifier l'Europe. Malgré leurs différends, elles ont contribué à la construction de l'Union européenne[71].

Histoire 2 : Les diplomates de deux pays avaient négocié toute une semaine sans faire de progrès jusqu'à ce que l'un d'eux déclare qu'il devait rentrer deux jours plus tard pour accompagner sa femme à l'Opéra. Le rapprochement entre les diplomates s'est opéré quand ils ont découvert qu'ils détestaient tous les deux l'opéra mais souhaitaient faire plaisir à leurs épouses. Après cela, le ton de la négociation a complètement changé[72].

Histoire 3 : Un père et sa fille ne s'entendaient pas. Il ne savait pas comment communiquer avec elle. Un jour, elle l'a vu emballer les roulements à billes de sa Ford Mustang de 1968. Ils ont parlé de ce qu'il faisait, et elle a réalisé que la Mustang était un moyen d'établir une passerelle entre elle et son père. À partir de là, leur relation s'est améliorée[73].

71 Coup de chapeau à Chris Mooney pour cette histoire.

72 Blog Program on Negotiation, « Small Talk, Big Gains? » [Bavardage et gains importants], adapté de « The Final Word on Small Talk » [Dernier mot sur le bavardage], Guhan Subramanian, www.pon.harvard.edu/daily/business-negotiations/small-talk-big-gains.

73 Coup de chapeau à Laura Butler pour cette histoire.

La moralité est que si on cherche bien, on trouve souvent un terrain d'entente – même si c'est pour réaliser qu'on est en désaccord. Il y a habituellement un point de départ – nourriture, vêtement, une équipe de football, le réchauffement de la planète, le dernier clown qui veut devenir président des États-Unis ou l'aversion pour l'opéra.

Bien sûr, vous aimeriez un accord retentissant et immédiat, foncer tête baissée pour votre cause, mais ce n'est pas ainsi que va le monde. Voici des techniques pour trouver un terrain d'accord :

- **Soyez personnel.** Étudiez le site web de la personne, ses flux Flickr et Twitter, et son blog. Il se peut que vous trouviez quelque chose que vous aimez tous les deux – le hockey, les Audi, Van Gogh, ou les *labradoodles*[74]. Peut-être avez-vous des enfants l'un et l'autre, donc vous pouvez échanger sur votre expérience de parents.
- **Soyez professionnel.** Utilisez un site de réseautage professionnel comme LinkedIn pour en savoir plus sur les antécédents de la personne et voir quelles sont vos relations communes. Vous avez peut-être été tous les deux commerciaux chez Procter & Gamble. Honte à vous si vous ne trouvez pas un élément professionnel en commun.
- **Lissez les objections.** Un bon enchanteur pense que les objections sont une manière de dire « pas encore » ou « dites-m'en davantage » plutôt que « non ». Par exemple, si on vous objecte que votre cause est trop coûteuse, calmez cette préoccupation en expliquant que vous avez une garantie plus longue, une durée de service plus importante ou une meilleure valeur de revente.
- **Demandez : « Qu'arriverait-il si...? »** Si la conversation ne progresse pas, demandez : « Que se passerait-il si nous changions ceci ? » Partir d'une hypothèse pour voir si la personne serait d'accord après une modification est une excellente façon de vaincre les résistances. Par exemple : « Achèteriez-vous un iPhone si l'opérateur était Verizon et non AT&T ? » (J'espère vraiment que cet exemple sera bientôt démodé.)

74 NDT : Aussi appelé « labraniche ». C'est un croisement entre le labrador et le caniche.

- **Faites migrer la «fenêtre ».** La fenêtre d'Overton[75] est une théorie politique disant qu'il y a une « fenêtre » ou un éventail de mesures acceptables. Cet éventail est le suivant : impensable-radical-acceptable-raisonnable-populaire. La théorie est qu'on peut proposer une idée moins acceptable pour la faire ensuite migrer vers la fenêtre de l'acceptable. Par exemple, les partisans du contrôle sur les armes à feu pourraient proposer l'interdiction « impensable » de toutes les armes à feu pour entraîner le Congrès à accepter l'interdiction « radicale » des armes automatiques.

Le but de ces techniques est de trouver un terrain d'entente sur quelque chose – presque n'importe quoi – afin de trouver le moyen de vivre un jour de plus et de rester enchanteur.

Trouvez le côté positif

En 1990, Jerry Sternin est allé au Vietnam pour le compte de Save the Children[76] afin d'y combattre la malnutrition. Il ne parlait pas vietnamien et il n'avait pas de budget pour résoudre les problèmes que la plupart des étrangers considéraient comme les causes de la malnutrition : hygiène médiocre, pauvreté et ignorance. Selon Chip et Dan Heath, les auteurs de *Switch*, la première initiative de Sternin a été de recruter des mères sur place pour peser les enfants dans les villages[77].

Il a découvert qu'il y avait des enfants en bonne santé et a décidé de trouver pourquoi ils étaient l'exception. Après avoir éliminé les

75 NDT : Joseph P. Overton (1960–2003) a créé cette théorie à l'époque où il était vice-président d'un groupe de réflexion appelé Mackinac Center. Pour plus d'informations (en anglais) : http://en.wikipedia.org/wiki/Overton_window.

76 NDT : « Sauvez les enfants. » Il s'agit d'une organisation indépendante de défense des droits des enfants créée en 1919. Pour plus d'informations (en français) : http://fr.wikipedia.org/wiki/Save_the_Children.

77 Chip et Dan Heath, *Switch: How to Change Things When Change is Hard*, *op. cit.*, p. 27-32.

familles riches ou influentes, il a vu que les mères des enfants en bonne santé étaient celles qui ajoutaient des crevettes, du crabe et des feuilles de patate douce dans les bols de riz.

Fort de cette information, il a démarré un programme dans lequel les mères des enfants en bonne santé apprenaient aux mères des enfants mal nourris à faire la cuisine avec ces ingrédients. Le programme a marché parce que Sternin ne s'est pas reposé sur les dogmes et les méthodes de choc américaines. Ce sont les habitants qui ont utilisé leur expérience pour s'entraider. Au bout de six mois, 65 % des enfants étaient mieux nourris dans le village où Sternin avait démarré son programme.

L'expérience de Sternin enseigne une leçon importante sur l'art de vaincre les résistances. Au lieu de croire que vous avez la réponse et d'essayer de l'imposer, vous devriez l'ignorer, prendre du recul et trouver ce qui fonctionne déjà. Le but est d'être le catalyseur du changement, non d'en faire à sa tête.

L'expérience de Sternin corrobore mon expérience personnelle chez Apple. En 1984, nous croyions avoir tout compris : Macintosh était un ordinateur pour les tableurs, les bases de données et les traitements de texte. Faux – il se trouva que le point positif qui sauva le Macintosh était la PAO. Ce sont les clients qui ont montré ce marché à Apple – nous avions notre vision Cupertino-centrique. Ils avaient leur culture à eux.

Collez une étiquette

Pour résumer en peu de mots une discussion complexe :
ce ne sont pas les mobiles déviants qui génèrent les comportements déviants,
c'est le contraire : un comportement déviant produit,
avec le temps, des motivations déviantes. **Howard S. Becker**

Coller une étiquette véhicule l'idée que les gens se conformeront à la prédiction attachée à cette étiquette. Par exemple, en 1975, Richard L. Miller, Philip Brickman et Diana Bolen ont réparti des étudiants en trois groupes, et les professeurs de ces étudiants ont proposé trois types de réactions possibles :

- **Attribution :** Vous connaissez bien la matière. Vous travaillez vraiment sérieusement. Vous faites tout ce que pouvez. Continuez.
- **Persuasion :** Cela devrait aller. Vous pourriez faire mieux.
- **Renforcement :** Moi (le professeur), je suis fier de votre travail. Je suis content de vos progrès. C'est excellent.

Le groupe « persuasion » a eu les pires résultats – c'était le moins persuadé ! Le groupe « renforcement » est arrivé en second. Le groupe « attribution » – à savoir les jeunes qu'on avait étiquetés comme compétents et travailleurs – est celui qui a le mieux réussi.

Molson[78] a fait une publicité à la télévision sur le thème « Je suis canadien ». Elle montrait un jeune Canadien en jeans et chemise écossaise chantant les louanges de la vie au Canada – vous savez : le hockey, les castors et les « tuques[79] ». La pub se terminait comme ceci : « Je m'appelle Joe et je suis canadien. » La logique derrière cette étiquette était : si vous êtes canadien, vous buvez la bière Molson.

L'utilisation d'une étiquette qui complète votre cause peut encourager les gens à embrasser votre envie d'enchanter. Par exemple, si vous avez été classé comme Canadien (ou vous êtes mis vous-même dans ce groupe), alors la pub de Molson va vous faire penser que vous devriez boire de la bière Molson.

Utilisez des données pour changer un état d'esprit

Quand il s'agit de présentations, Hans Rosling est la version académique, activiste et suédoise de Steve Jobs. Rosling enseigne la

78 NDT : La plus ancienne brasserie canadienne : http://fr.wikipedia.org/wiki/Molson.

79 NDT : Il s'agit d'un bonnet d'hiver au Canada : http://fr.wikipedia.org/wiki/Bonnet_(vêtement).

santé à l'échelle internationale au Karolinska Institut et est le directeur de la Gapminder Foundation.

La Gapminder Foundation produit Trendalyzer, une application et un site web qui transforment les statistiques en des graphes interactifs spectaculaires. Trendalyzer illustre la capacité des données à changer un état d'esprit. (Faites-vous plaisir et regardez ses présentations TED en cherchant simplement « Hans Rosling ».)

Voici une application de son œuvre : les habitants des pays occidentaux croient que les Occidentaux ont une longue vie au sein de petites familles et que les habitants des pays en voie de développement ont une vie brève au sein de grandes familles. En 1800, dans la plupart des pays, les femmes avaient beaucoup d'enfants comme l'illustre ce graphe qui montre la taille des familles sur l'axe horizontal et l'espérance de vie sur l'axe vertical. Notez qu'en 1800, les femmes aux États-Unis avaient plus d'enfants que les femmes en Chine et en Inde.

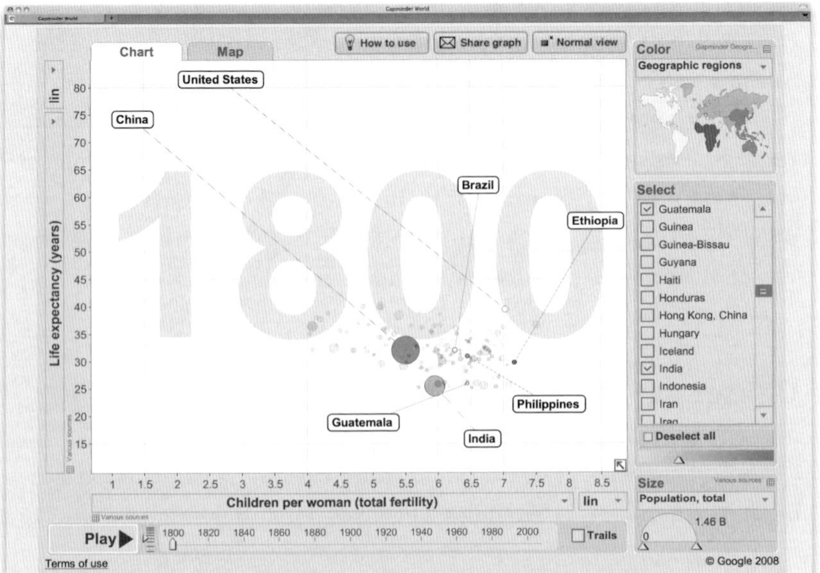

Le logiciel de Rosling suit les changements de 1800 à 2009. Comme on le voit, la plupart des pays suivent la même tendance : moins d'enfants par femme et des vies plus longues, et pourtant la plupart d'entre nous s'accrochent à la vieille idée que les femmes dans les pays en voie de développement ont beaucoup plus d'enfants et des vies beaucoup plus courtes.

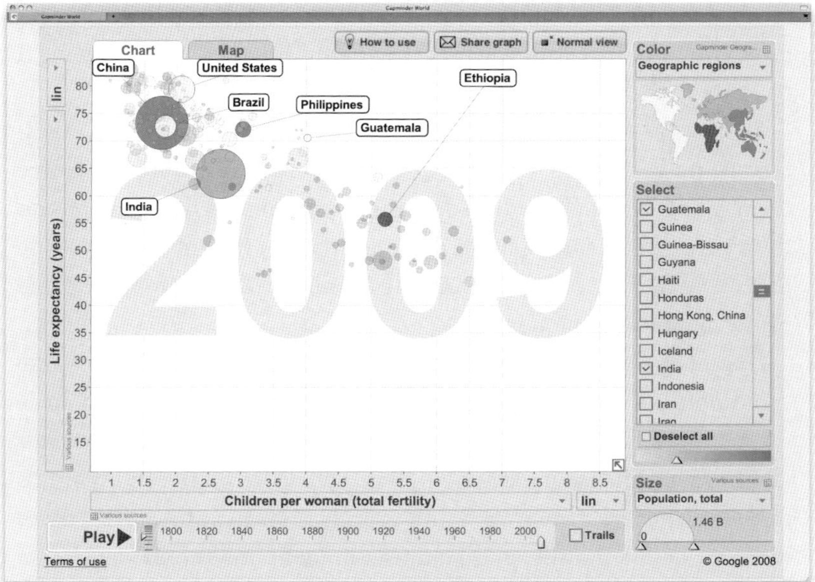

Voici un autre exemple d'utilisation des données. En 2003, le Museum of Art de Dallas a célébré son centième anniversaire en restant ouvert cent heures d'affilée. La direction du musée a eu la surprise de découvrir que l'heure de pointe des visites se situait entre une heure et trois heures du matin. Ces données ont convaincu le personnel de reconsidérer les heures d'ouverture et de créer les « Nocturnes au Museum of Art de Dallas », qui reste ouvert un vendredi par mois jusqu'à minuit.

Le travail de Rosling et l'expérience du musée de Dallas montrent comment des ensembles de données ont le pouvoir de changer un état d'esprit ; donc servez-vous-en lorsque les faits vont dans le sens de votre point de vue.

Contractez une dette

Cette histoire, tirée de *L'Autobiographie de Benjamin Franklin*[80], illustre l'idée paradoxale qu'en demandant de l'aide aux gens, on les rapproche de soi. Un nouveau membre de l'Assemblée générale de Pennsylvanie s'opposa à la nomination de Franklin au poste prestigieux et lucratif de secrétaire. Franklin expliqua comment il fit la conquête de cette personne :

Je n'ai pas envisagé de rentrer dans ses bonnes grâces en manifestant un respect servile ; après un moment, j'ai adopté une autre technique. Ayant entendu dire qu'il avait dans sa bibliothèque un livre rare et curieux, je lui ai écrit un mot exprimant mon désir de parcourir ce livre et lui demandant s'il me ferait la faveur de me le prêter pendant quelques jours.

Il me l'envoya immédiatement et je le lui rendis à peu près une semaine plus tard avec un autre message exprimant combien je mesurais la faveur qu'il m'avait faite. Quand nous nous sommes ensuite rencontrés au parlement, il m'a parlé (ce qu'il n'avait jamais fait avant) et s'est montré d'une grande civilité ; et à partir de ce moment-là, il a manifesté un empressement à me rendre service en toute occasion ; nous sommes devenus grands amis et cette amitié a duré jusqu'à sa mort.

Selon Franklin, ceci illustrait une maxime ancienne : « Celui qui vous a fait une gentillesse une fois sera plus disposé à vous en refaire une autre que celui que vous avez obligé. » Il y a deux raisons à cela :

Premièrement, une fois qu'une personne vous a aidé, elle est plus susceptible de le faire à nouveau parce que refuser voudrait dire qu'elle a fait une erreur la première fois. S'il n'y a pas eu de consé-

---

80 Benjamin Franklin, *The Autobiography of Benjamin Franklin,* Lippincott, Philadelphia, 1868. Coup de chapeau à Rich Mallon-Day pour m'avoir signalé cette citation.

quences négatives la première fois, en ne prolongeant pas son aide, elle admettrait s'être trompée dans son jugement.

Deuxièmement, la première interaction peut avoir contribué à créer une meilleure relation. Du coup, faire quelque chose pour vous une nouvelle fois est devenu naturel. Vous, bien sûr, vous allez rendre la pareille, et de fil en aiguille, des liens mutuellement enchanteurs peuvent s'ensuivre.

L'idée que les gens en veulent à ceux qui sollicitent leurs faveurs est peut-être fausse. De toute façon, qui sommes-nous pour contester ce que dit Benjamin Franklin ?

Enchantez tous les influenceurs

Quand l'académie des Coast Guards a intégré l'un de mes amis, Rob Halsey, elle a envoyé un capitaine en uniforme à son lycée pour lui présenter sa nomination. L'académie avait compris l'influence des amis et des professeurs de cet étudiant sur sa décision.

Peut-être les soi-disant enchanteurs définissent-ils leurs cibles de façon trop étroite – ne visant que la personne qui adoptera leur cause. Cette approche se retourne souvent contre eux parce que les gens ne prennent pas leurs décisions tout seuls. Considérez ce qui peut affecter les vôtres :

- Parents
- Grands-parents
- Voisins
- Pasteurs
- Professeurs
- Entraîneurs
- L'élu(e) de votre cœur
- Amis (hors ligne)
- Collègues
- Amis sur Facebook et suiveurs sur Twitter

Prenez ce cas : vous êtes le P-DG d'une start-up n'importe où dans le monde (mais pas dans la Silicon Valley) et vous êtes en train de faire un numéro de charme à une étudiante en ingénierie de pointe pour qu'elle laisse tomber le programme de Ph.D. de Stanford et rejoigne votre société, qui, vous en êtes convaincu, est le « prochain Google ». Pour compliquer les choses, disons aussi que c'est une Asio-Américaine surdouée.

Malheureusement, ses grands-parents considèrent qu'elle devrait finir ses études pour être certaine de « toujours avoir un emploi dans une grande entreprise ». Ses parents ne veulent pas que les frais de scolarité déjà payés l'aient été pour rien et veulent annoncer à leurs amis que leur fille a un doctorat de Stanford. Son petit ami ne veut pas qu'elle prenne ce job, parce qu'il sait qu'elle travaillera énormément (mon conseil est qu'elle le lâche si c'est le cas, mais je fais une digression).

Voici un tableau sur la façon d'enchanter tous les influenceurs :

Influenceur	**Souci**	**Réponse**
Grands-parents	Longévité de la société	« Nous avons dix millions de dollars de capital-risque sur notre compte en banque et nous avons dans notre conseil d'administration des gens qui ont financé Google. »
Parents	Argent gaspillé pour un diplôme incomplet et prestige d'un diplôme d'études supérieures	« Cette expérience augmentera la pertinence et la valeur de son parcours universitaire. Les grandes entreprises adorent les gens qui ont travaillé dans des start-up et comprennent l'innovation. Elle peut ensuite enseigner à Stanford. Dans le pire des cas, elle financera une chaire à Stanford. Dans le meilleur, elle paiera la construction d'un bâtiment. »
Petit ami	Charge de travail	« Nous croyons qu'une start-up est un marathon, non un sprint, aussi voulons-nous que nos employés aient un style de vie équilibré. » Et si cela ne marche pas, « un de perdu, dix de retrouvés ».

Voici deux exemples supplémentaires sur la façon d'enchanter tous les influenceurs. D'abord, Rhoda Davis. Elle s'occupe du Florida College Alabama Junior Camp, situé près d'Alexander City dans l'Alabama. Elle m'a dit que les enfants ne sont pas ses clients principaux. Leur priorité est de s'amuser. Les pères sont préoccupés par le prix du séjour et veulent que leurs enfants reviennent entiers. Mais le consommateur qui donne le plus de fil à retordre à Rhoda Davis, ce sont les mamans. Leur priorité est la sécurité et c'est pour cela que vous voyez plusieurs moniteurs sur la brochure du camp présentée sur le site web.

Ensuite, la US Navy. La marine américaine avait des problèmes de recrutement parce que les mères ne voulaient pas que leurs enfants s'y enrôlent. La marine a engagé Campbell-Ewald, un cabinet de marketing, pour la construction d'un site appelé « La marine pour les mamans ». Ce site s'adresse à la fois aux mères qui ont des enfants dans la marine et à celles qui ont des questions sur la vie dans la marine. En un an, le site a enregistré 27 000 membres, 100 000 photos, 750 vidéos et 6 000 discussions.

Les données ont montré que les mères réticentes changeaient d'avis après huit mois d'utilisation du site. Au cours du temps, en moyenne, chaque mère avait posté 4,2 photos, participé à seize discussions, regardé onze vidéos, et invité quatre autres mères à rejoindre le site. La raison principale qui les a fait changer d'avis est qu'elles voulaient être fières de leurs enfants.

Il est naïf de croire que vous n'avez qu'une seule personne à enchanter ; travaillez au corps tous les influenceurs. Les grands enchanteurs les utilisent pour se faciliter la tâche. Il se peut que vous ayez à enchanter tout un village, mais le résultat est que le village tout entier vous aidera, parce que l'enchantement est souvent une expérience collective.

Stigmatisez la concurrence

Si vous faites quelque chose qui en vaut la peine, vous aurez de la concurrence. En fait, si vous n'avez pas de concurrence, vous devriez vous demander si ce que vous faites a suffisamment d'intérêt. Il y a plusieurs façons de gérer cette concurrence. L'extrême est de l'attaquer. C'est contre-productif, inefficace, et carrément idiot.

L'autre extrême, c'est de l'ignorer. Cette stratégie peut marcher si vous feignez de l'ignorer tout en la surveillant de près, mais ce n'est pas ce qu'il a de mieux à faire. La meilleure méthode de gestion de la concurrence se déroule en trois phases :

Premièrement, apprenez à la connaître. Cela veut dire : lisez des choses à son sujet, essayez ses produits, parlez à ses clients et assistez aux événements qu'elle organise. Grâce à Internet, tout cela est plus facile que jamais.

Deuxièmement, analysez-la. La meilleure façon de procéder est de créer trois listes de fonctionnalités :

- Ce que nous faisons tous les deux.
- Ce que nous pouvons faire et qu'elle ne fait pas.
- Ce que nous ne pouvons pas faire et qu'elle fait.

La beauté de cette méthode est qu'elle vous oblige à reconnaître les aspects où vos concurrents sont meilleurs que vous. Si vous n'en trouvez aucun, c'est que vous n'avez pas assez cherché ou que vous êtes nul.

Troisièmement, stigmatisez vos concurrents – décrivez le plus grand nombre possible de vos rivaux avec des louanges empoisonnées qui vont rester dans la tête des gens. Par exemple, en 2010, Steve Jobs a épinglé Google quand les gens se sont plaints qu'Apple contrôlait excessivement les applications sur l'iPhone, comparé à l'ouverture de Google pour l'Android.

Il a dit : « Ceux qui veulent du porno n'ont qu'à acheter Android. » En d'autres termes, il a dépeint l'Android comme le téléphone de ceux qui veulent regarder la pornographie. *A contrario*, l'iPhone d'Apple a un environnement propre et contrôlé pour ceux qui ne sont pas pervers.

Contrôlez les sensations haptiques

L'haptique[81] désigne la science du toucher ; le mot vient du grec « *haptein* » signifiant « saisir » ou « toucher ». Les recherches de Joshua M. Ackerman (Massachusetts Institute of Technology), Christopher C. Nocera (Harvard University) et John A. Bargh (Yale University) montrent que les sensations haptiques ont une influence sur le jugement et les décisions[82].

Plus particulièrement, ils ont découvert que les blocs-notes qui sont lourds produisent une impression d'importance et de sérieux, que les puzzles ardus rendent les relations sociales plus difficiles et que des sièges durs font apparaître les gens comme stricts, stables, moins émotifs et moins flexibles.

Selon cette théorie, des sensations tactiles simples influent sur les sentiments et le jugement. Ainsi, par exemple, les gens assis sur des chaises rembourrées semblent plus flexibles lors les négociations. Si c'est vrai, cela veut dire que si vous voulez enchanter les gens, vous devez leur donner des blocs-notes lourds, des objets aux contours lisses et les installer dans des fauteuils mous.
Après tout, cela vaut le coup d'essayer…

Souvenez-vous de Charlie

Le 3 juin 2010, Charlie Wedemeyer, de Los Gatos en Californie, est mort de la maladie de Charcot (la sclérose latérale amyotrophique). Cette maladie entraîne la dégénérescence progressive des neurones moteurs et emprisonne ses victimes dans un corps qu'ils ne peuvent pas contrôler.

---

81 NDT : Pour plus d'informations : http://fr.wikipedia.org/wiki/Haptique.

82 Bill Hathaway, « Mind-Body Connection is a Touchy Subject » [La connexion corps-esprit est un sujet chatouilleux], Futurity, 25 juin 2010, www.futurity.org/health-medicine/mind-body-connection-is-a-touchy-subject.

Les médecins ont diagnostiqué la maladie de Wedemeyer en 1978 alors qu'il était l'entraîneur de l'équipe de football américain du lycée et également professeur. Il a continué à entraîner pendant huit ans – et à la fin depuis son fauteuil roulant, sa femme Lucie traduisant le mouvement de ses lèvres, de ses yeux et de ses sourcils et relayant les instructions à l'équipe.

Pendant à peu près tout le reste de sa vie, il a eu besoin de soins vingt-quatre heures sur vingt-quatre. Il respirait à l'aide d'un tube de trachéotomie connecté à un ventilateur et était nourri par un tube relié à l'estomac. La plupart des gens succombent à la maladie en deux ans ; Wedemeyer a supporté ce marathon médical pendant trente-deux ans.

Après avoir cessé ses activités d'entraîneur, il a continué à faire des apparitions dans le monde entier, a écrit un livre et inspiré des centaines de jeunes athlètes. Hollywood a fait deux films sur lui et Lucy. C'est la personne qui m'a le plus inspiré, Lucy vient en second.

Les Wedemeyer ont touché les gens par leur passion et leur attitude, même si Charlie était incapable de remuer la plupart de ses muscles. Tous les deux ont guidé, stimulé et *enchanté* des milliers de jeunes. Leur histoire pourrait vous inspirer quand vous rencontrez beaucoup de résistance et que vous avez l'impression qu'il est impossible de changer les sentiments, l'état d'esprit ou les actes.

Mon histoire personnelle, par Richard Fawal

Richard Fawal est le CEO de WatchParty à Austin dans le Texas. Dans cette histoire personnelle, il explique comment il a surmonté sa résistance à l'emploi de post-it comme outil de planification.

DANS LES ANNÉES 1980, JE FAISAIS CAMPAGNE POUR DES CANDIDATS AUX ÉLECTIONS. Pour suivre les militants, nous utilisions des fiches indiquant leurs coordonnées, leur circonscription électorale et leurs préférences en matière de bénévolat. Nous ne pouvions les trier que sur un critère à la fois, passions donc des heures à les retrier, et il était impossible d'avoir une vue globale de nos membres.

Un jour, une collègue est arrivée avec des paquets de post-it de différentes couleurs et j'ai résisté : « Qu'est-ce qu'on va foutre de ça ? » Elle ne voulait pas me le dire, mais elle mentionna qu'elle allait résoudre tous nos problèmes. J'étais sceptique sur le fait que ces petits papiers de couleur puissent nous aider. Le lendemain matin, je fus sidéré par ce qui m'attendait.

Sur les murs, il y avait des douzaines de feuilles épinglées. Chacune comportait un numéro de circonscription et était couverte de post-it de différentes couleurs avec les noms et les coordonnées des militants. Les couleurs représentaient leurs préférences pour les actions bénévoles.

Avec simplement des post-it, elle avait créé un système permettant de retrouver rapidement quelqu'un par son nom, sa circonscription ou ses préférences. C'était une carte magnifique qui nous permettait de visualiser où nous étions faibles, où nous étions forts et quelles étaient les tâches les plus ou les moins populaires. Cela a complètement changé ma façon de voir les choses.

J'ai utilisé son système jusqu'au moment où les ordinateurs ont rendu ces post-it obsolètes, quelques années plus tard. La façon dont je me suis laissé enchanter par des post-it est l'une de mes histoires préférées et une leçon dont je me souviens toutes les fois que j'ai un problème à résoudre.

Chapitre 7

Comment faire perdurer l'enchantement

J'ai acheté mon chapeau Tilley dans un port de pêche au sud des Everglades
en Floride et j'ai trouvé le « chapeau » plutôt coûteux.
Mais j'étais loin de me douter que ce chapeau survivrait au bateau
dans lequel je pêchais, aux chaussures que j'avais aux pieds,
et maintenant que j'y pense, à mon mariage.
Donc je peux dire en toute sécurité que c'est le meilleur chapeau du monde.
Il adore aller à la pêche, ne se plaint ni du soleil de plomb
ni de la pluie glaciale et quand j'arrive à la maison,
il se fiche que je le pose par terre et l'ignore le restant de la journée.
Oui, monsieur, j'ai appris qu'on peut compter sur un Tilley.

David Halcomb (étiquette à l'intérieur des chapeaux Tilley)

L'enchantement vise à provoquer un changement durable – non une vente ou une transaction ponctuelle. En d'autres termes, vous voulez que l'enchantement se prolonge, voire s'amplifie. C'est ce qui arrivera si vous influencez les cœurs, les esprits et les actes. Ce chapitre vous explique comment amener les gens à intérioriser vos valeurs et comment faire persister l'enchantement.

Recherchez l'intériorisation

En 1935, Lloyd Anderson n'arrivait pas à trouver un piolet à un prix abordable. Il finit par en acheter un dans un magasin autrichien appelé Sporthaus Peterlong. Puis il entreprit d'aider ses copains alpinistes à se procurer du matériel venant d'Europe. En 1938, lui et vingt et un de ses amis investirent chacun un dollar pour créer la REC, la Recreational Equipment Cooperative.

L'entreprise s'appelle maintenant REI, a plus d'une centaine de magasins et 3,7 millions de clients. Les gens vont à REI non seulement pour acheter du matériel, mais également pour avoir des conseils, rencontrer des personnes qui aiment aussi le plein air, et fantasmer sur des sites de randonnées, de vélo, de ski ou d'escalade. REI a créé une culture du plein air et ses clients ont intériorisé ses valeurs.

Le processus d'intériorisation des valeurs comporte trois étapes : la conformité, l'identification, et l'intériorisation proprement dite.

- **Conformité.** On rejoint un groupe en cédant à la pression sociale, sous la contrainte, parce qu'on s'y laisse entraîner ou parce qu'on a le désir d'en être. Le fait d'être conforme ne crée pas l'enchantement et n'est pas sans générer une sorte de sentiment de contrainte sauf à passer au stade de l'identification et de l'intériorisation.
- **Identification.** On s'identifie quand on perçoit des points et des intérêts communs avec les membres d'un groupe. Personne ne vous force à vous conformer. À ce stade, le capital de séduction de l'enchanteur joue un rôle important parce que les gens veulent susciter son approbation.
- **Intériorisation.** C'est le plus haut niveau, qui va au-delà de l'identification : on y croit. Le fait de croire est en synchronie avec les sentiments. Il n'y a pas de contrainte et on ne cherche pas à faire plaisir à quiconque. C'est l'enchantement.

L'intériorisation est le niveau le plus difficile à atteindre, mais c'est aussi celui qui durera le plus longtemps. Par exemple, j'ai intériorisé le Macintosh. Personne ne m'a forcé à l'aimer. (Depuis vingt-sept ans que j'utilise des ordinateurs, je n'ai acheté un PC sous Windows qu'une seule fois – et je l'ai donné à Goodwill[83] il y a longtemps.)

Je n'utilise pas un Macintosh simplement parce que je m'identifie aux autres utilisateurs Mac. Je pense que le Macintosh est le meilleur ordinateur – tant et si bien que je fais la queue et le paie plein pot comme n'importe quel client Apple.

Protégez les croyants

Ce sont les personnes qui travaillent sur le Macintosh qui en sont l'âme.
Mon travail consiste à créer un espace pour eux,
à tenir à distance le reste de l'organisation pour les en libérer. **Steve Jobs**

« L'ignorance pluraliste » est un concept postulant que nous acceptons quelque chose parce que nous supposons que les autres sont d'accord. L'ignorance pluraliste peut conduire à un « conservatisme collectif » ou un refus du changement. Autant dire un nivellement par le bas !

Pour encourager la pensée divergente – ou plus exactement une pensée convergente différente de l'opinion dominante –, il est nécessaire de séparer les croyants des non-croyants. La plupart des idées nouvelles n'ont aucune chance d'aboutir au milieu du tout-venant d'une entreprise. C'est pour cela que les sociétés créent des unités indépendantes pour leurs nouveaux produits et services.

Quand je repense à mon expérience chez Apple au milieu des années 1980, je sais que le Macintosh a réussi parce que la division, avec Steve Jobs pour chef, était dans un bâtiment à l'écart. Macintosh ne serait pas né, et aurait encore moins réussi, si nous

---

83 NDT : Goodwill est une grande assocation caritative américaine fondée en 1902 par un pasteur méthodiste, Edgar J. Helms.

nous étions trouvés au milieu d'une société organisée autour de l'Apple IIs.

Ceci conduit à ma théorie que la distance optimale entre les croyants et le siège social est de 800 mètres : c'est trop pour que les dirigeants viennent à pied voir les intra-entrepreneurs, mais suffisamment proche pour que ces derniers puissent venir piquer des trucs à la maison mère[84].

La mise en œuvre part de la base

La vision traditionnelle du règlement des conflits armés consiste à réunir les leaders politiques et militaires des forces adverses. Le présupposé est que ces leaders représentent les populations des deux bords qui sauront convaincre celles-ci de soutenir les accords qu'ils passeront.

Celia McKeon de Conciliation Resources, une organisation caritative qui travaille à la promotion de la paix, n'est pas de cet avis. Elle pense que ce sont les gens de base dans les communautés qui sont les plus à même de « construire la confiance et la compréhension mutuelle », « d'assister à l'identification et à la solution des conflits locaux », et « de créer l'espace informel et sécurisé permettant aux membres de niveau intermédiaire dans les deux camps en conflit d'engager les exercices de résolution de problèmes préalables aux négociations[85] ».

En d'autres termes, la paix commence aux niveaux les plus bas ou intermédiaires des sociétés, non au sommet. Par exemple, ce sont

84 NDT : Guy Kawasaki évoque sous une forme très raccourcie le chapitre 3 de *La Réalité de l'entrepreneuriat*, « L'art de l'intra-entreprise », Les Éditions Diateino, 2009.

85 Celia McKeon, « Participating in Peace Processes » [Participer au processus de paix], People Building Peace (blog), www.peoplebuildingpeace.org/thehistoires/print.php?id=139&typ=theme.

les leaders civils qui ont aidé au règlement durable des problèmes de frontières entre le Pérou et l'Équateur en 1998. Ce règlement est le résultat d'un groupe de travail à l'université du Maryland appelé « Équateur et Pérou : vers une initiative de solution démocratique et coopérative ».

La première réunion du groupe de travail a eu lieu en 1997. Vingt personnes de la population civile de l'Équateur et du Pérou ont constitué le Grupo Maryland et ont œuvré à la recherche d'un terrain d'entente pour résoudre le conflit armé. Ce groupe comprenait des universitaires, des industriels, des éducateurs, des journalistes et des écologistes qui avaient « des caractéristiques communes, profession, genre, âge, résidence, ou autres[86] ».

Le Grupo Maryland démontre que si on veut faire durer l'enchantement, il ne faut pas se focaliser seulement sur les leaders au sommet. Ils ont des critères personnels – pouvoir, argent et image de soi – qui ne reflètent pas toujours les désirs de la population et encore moins l'intérêt général. Les niveaux intermédiaires ou inférieurs des organisations sont également importants – après tout, ce sont eux qui font le vrai travail.

Employez des techniques intrinsèques

Je suis fatigué d'entendre parler d'argent, d'argent, d'argent, d'argent, d'argent, d'argent. J'ai juste envie de jouer, de boire du Pepsi et de porter des Reebok. **Shaquille O'Neal**

On prend souvent pour acquis que l'argent est la motivation ultime, et ce n'est pas vrai. Pensez, par exemple, à tous les bénévo-

86 Inés Cevallos Breilh et Sahary Betancourt, « Grupo Maryland entre le Pérou et l'Équateur », People Building Peace (blog), www.peoplebuildingpeace.org/thehistoires/print.php?id=144&typ=theme.

les qui consacrent des milliers d'heures aux associations et sociétés caritatives.

Beaucoup d'organisations essaient d'encourager les gens à les aider en leur offrant des commissions ou des revenus d'affiliation, mais ces moyens de séduction génèrent aussi la suspicion (est-ce que tous ces gens répandent la bonne parole parce qu'on les paie ?) ou altèrent les relations (est-ce que je répands la bonne parole parce que suis payé ?).

Kathleen D. Vohs, professeur à l'université du Minnesota, a mené une série d'expériences pour examiner l'effet de l'argent sur le comportement. Voici le résumé de trois d'entre elles[87] :

- Les chercheurs ont donné aux participants4 000 dollars, 200 dollars ou rien du tout en billets de Monopoly pour commencer la partie. Au moment où ils quittaient le laboratoire, un complice de l'expérience a laissé tomber des crayons et ces derniers ont calculé le nombre de crayons spontanément ramassés par les participants. Ceux qui avaient reçu 4 000 dollars étaient les moins serviables ; ceux qui n'avaient pas reçu d'argent l'étaient le plus et ceux qui avaient eu 200 dollars se situaient entre les deux.
- Les chercheurs ont donné aux participants huit pièces de vingt-cinq cents pour organiser sous forme de phrases des expressions en désordre. Certaines de ces phrases avaient trait à l'argent et d'autres pas. Au terme de l'expérience, on leur demandait de faire un don pour une caisse d'étudiants. Les participants qui avaient remis de l'ordre dans des expressions parlant d'argent donnaient moins que ceux qui avaient travaillé sur les expressions qui n'avaient rien à voir avec l'argent.
- Les chercheurs ont placé les participants dans une pièce avec un ordinateur sans économiseur d'écran, ou avec un économiseur d'écran représentant un poisson, ou avec un économiseur d'écran représentant de l'argent. Les chercheurs leur ont demandé d'installer deux

87 Kathleen D. Vohs, *Small Steps, Big Leaps Briefing* [Briefing : Petits pas, grands bonds], Stanford University Graduate School of Business lecture series, 12 février 2010, www.youtube.com/watch?v=qrMoDJnJeF8.

chaises pour qu'ils puissent rencontrer les autres participants. Ceux qui avaient l'économiseur d'écran avec de l'argent avaient davantage éloigné les chaises l'une de l'autre que ceux qui n'avaient pas d'économiseur d'écran ou en avaient un avec le poisson.

Ces études impliquaient des étudiants dans un projet de recherche ; c'est pourquoi les résultats peuvent ne pas préjuger de ce qu'il en serait dans le monde réel, mais les actions de ces étudiants indiquent que le fait d'être exposé à l'argent affecte le comportement. Une gratification extérieure, comme l'argent, n'est pas nécessairement un dispositif d'enchantement efficace.

Wikipédia est un bon exemple. Des bénévoles et amateurs ont créé ce vaste réservoir d'informations. Personne ne les a payés pour leurs contributions. À l'inverse, Microsoft a dépensé des millions de dollars dans Encarta, son encyclopédie en ligne, et pourtant, le projet a échoué. Microsoft a réduit l'initiative à un simple dictionnaire en ligne en 2009.

Il n'est pas toujours vrai qu'on n'en a que pour son argent ; et si votre cause est perdue d'avance, l'argent n'aidera pas. Si vous avez une très bonne cause, l'argent n'importera pas. En pratique, l'ajout d'un intérêt financier peut discréditer une grande cause ; donc regardez-y à deux fois avant d'utiliser l'argent comme moyen d'enchantement.

Invoquez la réciprocité

Invoquer la réciprocité est un moyen puissant de faire perdurer l'enchantement. Je vous ai raconté plus haut comment l'Éthiopie a aidé le Mexique cinquante ans après que le Mexique a aidé l'Ethiopie. Voici une autre histoire magnifique, cette fois au niveau d'une ville.

Des enfants du collège de la White Knoll Middle School à Columbia en Caroline du Sud ont offert un chèque d'un montant de

447 265 dollars au maire de New York, Rudy Giuliani, lors de la parade de Thanksgiving de Macy's en 2001. Les élèves avaient collecté cet argent pour permettre à New York de remplacer l'un des camions de pompiers détruits dans l'attaque du 11 Septembre (il est vrai que le montant incluait un don très important d'un riche contributeur).

Ces enfants de Caroline du Sud payaient New York de retour, car 134 ans plus tôt, les New-Yorkais avaient fait une collecte pour acheter un chariot citerne pour les pompiers de Caroline du Sud après avoir appris que la ville employait des brigades de porteurs de seaux pour combattre les incendies. Le premier chariot sombra lors du voyage vers Columbia, et les habitants de New York levèrent plus d'argent pour en acheter un second.

La générosité des New-Yorkais, qui avaient été, pour beaucoup d'entre eux, des soldats de l'Union, impressionna Samuel Melton, un ancien colonel de la Confédération[88]. Au nom de la ville de Columbia, il promit de rendre cette faveur « si un malheur venait à frapper l'Empire City ». Les enfants ont honoré cet engagement 134 ans plus tard.

Nous avons discuté le fait de donner pour des raisons essentielles au chapitre 3 (« Comment créer la confiance »), mais voici des informations complémentaires sur ce sujet, car il est très important :

- **Donnez avec joie.** La forme la plus pure du don consiste à faire ce don à ceux qui ne peuvent pas vous aider (par exemple, New York aidant Columbia quelques années après la guerre de Sécession) et à le faire sans espoir de retour. L'ironie est que ces dons catalysent souvent les actes de réciprocité les plus remarquables.
- **Donnez tôt.** « Payez d'avance » par des services rendus avant d'en avoir vous-même besoin – s'il arrive jamais que ce soit le cas. Quand

88 Allusion à la guerre de Sécession ou guerre civile américaine entre 1861 et 1865 entre les États-Unis (« l'Union »), dirigés par Abraham Lincoln, et les États confédérés d'Amérique (« la Confédération »), dirigés par Jefferson Davis : http://fr.wikipedia.org/wiki/Guerre_de_Sécession.

il y a un lien clair entre ce que vous faites et ce que vous espérez en retour – c'est une transaction, non un service que vous rendez.

- **Donnez souvent et généreusement.** « Un jour vous moissonnerez ce que vous avez semé. » Si vous donnez beaucoup, vous recevrez aussi beaucoup. Si vous rendez des services de grande qualité, vous recevrez en retour des services de grande qualité, donc rendez autour de vous des services remarquables.
- **Donnez de façon inattendue.** Richard Branson, le président du groupe Virgin et moi avons un jour parlé dans la même conférence à Moscou. Je l'ai rencontré dans le salon des conférenciers et il m'a demandé si j'avais déjà volé sur Virgin. Je lui ai répondu que non et que j'étais un client d'United Airlines. Il s'agenouilla et se mit à me cirer les chaussures avec son pardessus ; depuis ce jour, je vole autant que possible sur Virgin America.

Richard Branson cirant mes chaussures.

- **Demandez la réciprocité.** N'hésitez pas à demander un service en retour quand vous en avez besoin et que la personne peut vous l'accorder. C'est une bonne pratique qui la libère d'une pression – vous fournissez un moyen de rembourser une dette. Ceci lui permet également d'accepter des faveurs supplémentaires et vos relations peuvent s'approfondir.

Laissez-moi vous raconter mon histoire favorite de Robert Cialdini. Je me suis un jour assis près de lui à déjeuner au Stanford Faculty Club et nous avons discuté de ce qu'il convient de dire quand quelqu'un remercie pour un service rendu. Pour lui, « je sais que vous feriez la même chose pour moi » est une bien meilleure réponse que « je vous en prie ».

La formule de Cialdini dit à la personne qui a reçu une faveur de votre part, qu'un jour, vous pourriez vous aussi avoir besoin d'aide, et lui donne le signal que vous la respectez et la savez capable de réciprocité. Si c'est l'esprit dans lequel vous le dites, votre réponse est beaucoup plus enchanteresse que le très formel « je vous en prie ». En revanche, si vous essayez seulement d'établir une dette à votre endroit, cela n'a rien d'enchanteur ; donc utilisez cette expression avec discernement.

Catalysez l'engagement et la cohérence

Pousser les gens à s'engager pour votre cause et invoquer la cohérence pour qu'ils respectent cet engagement est une façon puissante de faire perdurer l'enchantement. Kanu Hawaii a mis ce concept en œuvre. C'est une association de personnes vivant à Hawaii, qui adorent sa culture unique et son style de vie. Ses membres ont vu que les changements dans l'environnement, l'accroissement du coût de la vie et la diminution des offres d'emploi menaçaient ce qu'ils aimaient.

Kanu Hawaii encourage ses membres à prendre des engagements, comme celui d'acheter des produits locaux, de nettoyer les plages et d'adopter un style de vie vert. Le partage de ces engagements avec ses amis et sa famille via Facebook, Twitter et e-mails est aussi au centre de la philosophie de Kanu Hawaii.

L'engagement et la cohérence permettent à l'enchantement de persister à trois niveaux. D'abord, l'engagement réduit le risque que les gens reviennent sur leurs décisions et reconsidèrent les différentes options. De fait, il y a le risque qu'on ne vous choisisse pas la seconde fois.

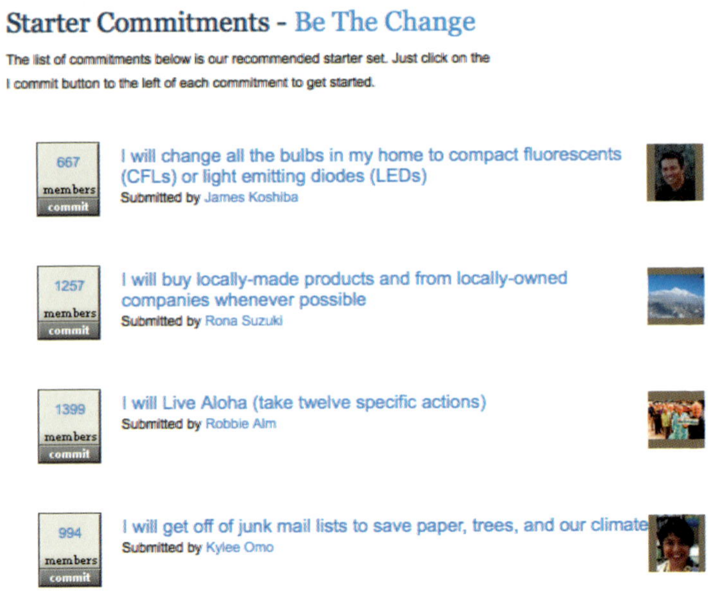

Engagement initiaux : soyez le changement.

Deuxièmement, sauf lorsqu'ils sont inconscients, les gens aiment honorer leurs engagements. Votre tâche est de leur montrer pourquoi cet engagement fait sens. Puis, le désir d'avoir de soi une image respectable intervient : « Si je ne fais pas ce que j'ai dit, cela veut dire que je n'ai pas d'honneur. »

Troisièmement, parler aux autres des engagements d'une personne lui donne une raison de plus de les honorer. En ne le faisant pas, elle risque de faire preuve d'un manque de discipline ou de persévérance aux yeux de ses amis et de sa famille : « Si je ne fais pas ce que j'ai dit, on pensera que je n'ai pas d'honneur. »
Engagement et cohérence peuvent aussi travailler contre vous si les gens choisissent votre concurrence et lui restent fidèle – par exem-

ple, si vous avez adopté Windows et refusé d'essayer un Macintosh. Cela dit, je suis un optimiste, donc je vous recommande d'essayer les techniques discutées au chapitre 6 (« Comment vaincre les résistances »), et d'entretenir ensuite engagement et cohérence pour que votre enchantement persiste.

Construisez un écosystème

La présence d'une communauté autour d'une cause aide à sa conservation. Appelons cette communauté un « écosystème ». Elle augmente le niveau de satisfaction que les gens retirent de votre cause et démontre publiquement que vous avez assez de succès pour mériter un écosystème. Cela veut également dire qu'un plus grand nombre de gens vous aidera, parce que leur succès est lié au vôtre. Voici les éléments d'un écosystème :

- **Groupes d'utilisateurs.** Dans les années 1980 et 1990, aux heures les plus sombres du combat d'Apple pour conduire le Macintosh au succès, des centaines de fan(atique)s se sont portés volontaires pour animer des groupes d'utilisateurs. Ces groupes dispensaient de l'information, du support et de l'enthousiasme pour faire vivre le Macintosh à une époque où Apple ne pouvait pas ou ne voulait pas le faire. Beaucoup d'entreprises, comme Harley-Davidson, Oracle, Porsche et Cisco ont aussi des groupes d'utilisateurs passionnés.
- **Sites web et blogs.** Les enthousiastes, souvent des consultants et des développeurs, gèrent des sites et des blogs fournissant information et support pour la cause pendant leur temps libre. Cherchez sur Google « WordPress blog » ou « Windows blog » pour voir ce que je veux dire. Ces sites rassurent les clients existants et potentiels sur la valeur des causes. Ils assurent aussi un support après-vente qui accroît la satisfaction.
- **Consultants.** Ils développent l'expertise en aidant les utilisateurs. En conséquence, ils augmentent la satisfaction des clients. Ils sont personnellement intéressés au succès de la cause, car de ce succès dépend le maintien de leur activité.
- **Développeurs.** Que ce soit une console de jeux comme la Xbox, le système d'exploitation d'un ordinateur comme Macintosh ou un

service en ligne comme Twitter, les développeurs sont un facteur déterminant dans le succès et la survie d'une plateforme. Ces gens créent des jeux, des applications et des services qui augmentent la valeur de la plateforme ainsi que la satisfaction que les utilisateurs en retirent.

- **Revendeurs.** Les magasins qui distribuent votre cause sont souvent la seule entité en relation directe avec le consommateur. Ils sont pour les gens le moyen d'essayer, d'acheter ou de renvoyer votre cause. Ils peuvent aussi offrir la crédibilité : « Best Buy ne va pas garder en stock de la camelote. » (En théorie).
- **Conférences.** Vous savez que vous avez réussi quand vous êtes assez important pour organiser une conférence autour de votre cause. Ces conférences démontrent publiquement que vous êtes fort et connaissez le succès. La plupart des gens pensent que seules les causes qui ont atteint une masse critique sont capables de produire des telles réunions.

Maintenant que vous comprenez quels sont les acteurs clefs dans les écosystèmes, voici comment inciter les gens à créer ou à rejoindre votre écosystème :

- **Créez quelque chose qui justifie l'écosystème.** Ce thème est une constante chez moi : la clef pour l'enchantement, l'évangélisation, les ventes, les présentations et la construction d'un écosystème, c'est une excellente cause. En fait, si vous avez une excellente cause, il se peut que vous ne puissiez pas empêcher la formation de l'écosystème. En revanche, il est difficile de construire un écosystème autour de produits ordinaires ou médiocres, même si vous y consacrez beaucoup de ressources.
- **Identifiez et recrutez vos évangélistes.** Si vous avez une excellente cause, trouvez des évangélistes et demandez-leur de construire l'écosystème (si vous n'arrivez pas à trouver ces évangélistes, c'est peut-être que votre cause n'est pas géniale). Il se peut que vous découvriez que le fait de leur demander de vous aider les flattent tant, qu'ils soient partants d'emblée.
- **Choisissez un champion pour la construction de l'écosystème.** Il se peut que beaucoup d'employés aient envie d'aider à construire cet écosystème, mais il faut une personne qui se lève tous les matins avec cette tâche comme priorité. Les écosystèmes ont besoin de champions pour porter le drapeau de la communauté – des héros et des sources d'inspiration repérables.
- **Offrez des opportunités réelles aux utilisateurs.** Les habitants de votre écosystème ne vont pas se contenter d'écrire des lettres

d'amour à votre P-DG pour lui dire à quel point il est génial. Il faut que vos adeptes aient la capacité de modifier et d'améliorer votre cause. En d'autres termes, il vous faut une architecture « ouverte ». Par exemple, des programmeurs peuvent ajouter des *plug-in* au Photoshop d'Adobe ; les fous de moto personnaliser leur Harley et les développeurs faire des applications iPad.

- **Publiez.** Le complément naturel d'une architecture ouverte est la publication de livres et d'articles sur la cause. C'est un moyen de diffuser l'information aux individus en périphérie et cela peut les faire entrer dans l'écosystème. Les publications envoient aussi le message au reste du monde que votre organisation est ouverte et désireuse d'apporter son aide à l'extérieur.
- **Acceptez la critique.** La plupart des organisations se sentent à l'aise avec leur écosystème aussi longtemps qu'on y dit des choses gentilles, qu'on achète les produits et qu'on ne se plaint pas. Mais dès que l'écosystème formule quoi que ce soit de négatif, les organisations paniquent et sont prêtes à le laisser tomber. C'est stupide. Un écosystème qui est sain est une relation sur le long terme, et une organisation ne doit pas demander le divorce au premier signe de discorde. En réalité, plus une organisation accepte la critique et s'emploie à corriger les problèmes, plus sa relation avec son écosystème est forte.
- **Encouragez la conversation.** « Une conversation est un échange. » Le mot clef est *échange*. Les entreprises qui veulent un écosystème sain doivent aussi participer à l'échange d'idées et d'opinions. Votre site web doit au moins proposer un forum dans lequel les gens peuvent parler entre eux ainsi qu'avec des employés de la société. Cela ne veut pas dire que vous devez laisser l'écosystème diriger votre entreprise, mais vous devez écouter ce que ses membres ont à dire.
- **Créez un système de récompense.** Vous savez déjà ce que je pense de l'idée de payer les gens pour qu'ils vous aident, mais cela ne veut pas dire que vous ne devez pas les récompenser d'une autre façon. Des choses simples comme la reconnaissance publique, des insignes et des trophées ont plus d'impact que quelques dollars. Par exemple, Maker's Mark récompense ses ambassadeurs (des évangélistes pour le bourbon !) en mettant leur nom sur un tonneau de Maker's Mark et en leur donnant la possibilité d'acheter une bouteille de la cuvée.
- **Faites la publicité de l'écosystème.** Si vous vous donnez la peine de soutenir un écosystème, faites-en aussi un élément de vos initiatives commerciales et marketing. Par exemple, le groupe des propriétaires d'une Harley, le Harley Owners Group (HOG) est à un clic de distance de la page d'accueil de la société.

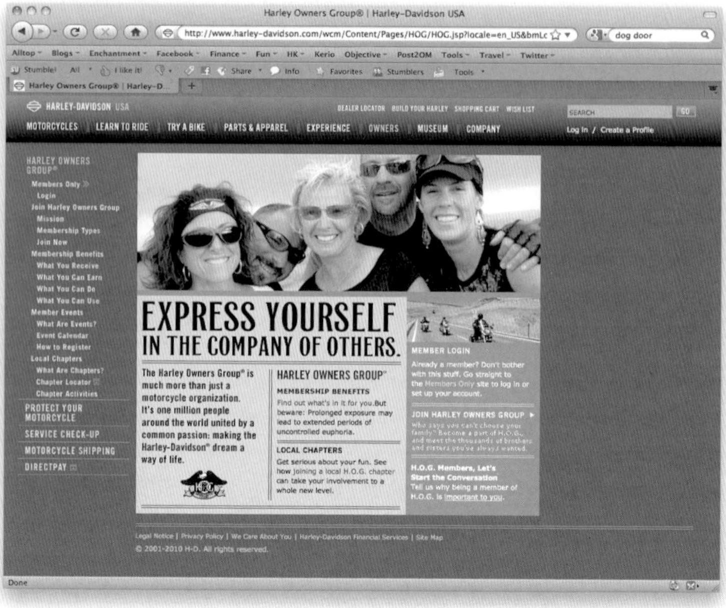

Site de Harley.

Au cours de la phase finale des tests de ce livre (oui, mes livres sont testés comme un logiciel), un lecteur a fait remarquer que la discussion sur l'écosystème ne portait que « sur des sociétés de technologie, de taille assez importante, m'excluant moi et les acteurs modestes comme moi ». Vous savez maintenant à quel point je hais les manœuvres d'exclusion, et donc voici mon point de vue sur le sujet.

Premièrement, l'objectif principal d'un écosystème est d'aider à fournir un produit ou un service de meilleure qualité, et d'établir sa crédibilité en démontrant que cet écosystème existe. Toute personne externe impliquée dans ces activités d'une façon ou d'une autre fait partie de votre écosystème. Par exemple, un groupe de gens qui vous conseillent constitue l'embryon d'un écosystème.

Deuxièmement, j'espère que vous ne pensez pas que les geeks qui ont construit les sociétés de technologie de la Silicon Valley savaient qu'ils étaient en train de créer des mammouths. Ces entreprises ont commencé sous la forme de « deux gars/filles dans un garage » et, à la surprise et à la joie de leurs fondateurs, elles sont devenues des succès énormes avec des écosystèmes massifs. Il se peut que vous deveniez le créateur de la prochaine société d'un milliard de dollars ; ne vous créez donc pas des limites artificielles. Si vous construisez un écosystème (tous les écosystèmes commencent modestement), il se peut que vous deveniez le prochain Google, Cisco, YouTube ou Microsoft.

Diversifiez l'équipe

Une équipe diversifiée aide à faire durer l'enchantement, parce que des gens avec des antécédents, des perspectives et des talents différents peuvent contribuer à rafraîchir la cause. En revanche, un royaume de laquais et de clones, dirigé par un empereur nu, entraîne la cause sur la pente de la médiocrité.

Les gens d'âge, de genre, de race, de niveau économique, de situation de famille, de religion, de culture, et d'éducation différents ajoutent de la richesse et de la pertinence à vos initiatives. De plus, vous voulez vous entourer de personnes qui offrent des points de vue variés :

- **L'avocat.** Il prend le parti de vos clients, adeptes et suiveurs et se fait le défenseur de causes comme des prix plus bas, une livraison plus rapide, du support gratuit et un investissement en ligne supérieur. Il s'agit du champion des croyants à l'intérieur de la structure.
- **Le sceptique.** Il doute, que les nouvelles soient positives ou négatives. Il met les idées à l'épreuve pour les améliorer. Ne confondez pas le sceptique et le cynique – un sceptique doute, un cynique sait.
- **Le visionnaire.** Il a une idée claire de l'évolution future de votre technologie et du marché. Il n'est pas souvent le meilleur manager, mais il vous faut quelqu'un capable d'anticiper les besoins de vos croyants avant qu'ils ne les expriment eux-mêmes.
- **L'adulte.** Il fait advenir les choses de façon efficace, à des coûts raisonnables et en respectant les règles. Il complète le visionnaire, par une surveillance panoramique de ce qui se passe.

- **L'évangéliste.** Il vend le rêve en expliquant que votre cause améliore la vie des gens. Il joue sur l'émotion, l'intellect et emploie la persuasion, mais rarement l'argent, pour que les gens croient à votre cause autant que vous.
- **Le faiseur de pluie[89].** Il sait conclure une affaire. Son rôle consiste à vendre de l'espace publicitaire ou à convaincre une fondation de donner de l'argent à votre association caritative. Les gens croient qu'il est facile de vendre jusqu'à ce qu'ils essaient eux-mêmes.

En peuplant votre entreprise d'une grande diversité de talents, ou en tout cas de gens capables de remplir des rôles multiples, vous vous donnez un moyen puissant de faire perdurer l'enchantement. Il n'y a jamais trop de diversité dans une cause conçue pour durer.

Soutenez la propagation

Les fans des Grateful Dead, comme les clients de REI, incarnent l'intériorisation des valeurs. Pour leurs fans, l'attrait pour les Dead reposait sur leur musique mais aussi sur un lien spirituel d'amitié et sur le fait de grandir ensemble. Le groupe a démarré dans les années 1960 et connaît sa troisième ou quatrième génération de fans – son enchantement a vraiment résisté au temps.

L'une des raisons de cette longévité est que le groupe a soutenu la propagation de sa musique. Alors que la Recording Industry Association of America poursuit en justice les grands-mères qui font du partage de musique sur les réseaux *peer-to-peer*, les Grateful

89 NDT : Guy Kawasaki consacre un chapitre entier au faiseur de pluie – ou faiseur de miracles – dans *L'Art de se lancer* : « Le faiseur de pluie chez les Indiens d'Amérique est un sorcier qui fait venir la pluie par des rites et des incantations. Pour les start-up, un faiseur de pluie est une personne qui génère une grande quantité d'affaires. Comme les sorciers, les entrepreneurs ont créé leurs propres rites et incantations pour “faire de la pluie”, c'est-à-dire faire des miracles. »

Dead encouragent le public pendant leurs concerts à enregistrer leur musique et à la propager.

Oui, vous avez bien lu.

Selon David Meerman Scott et Brian Halligan dans *Marketing Lessons from the Grateful Dead*[90], le groupe fait autre chose que fermer les yeux quand les gens enregistrent, il les autorise délibérément à installer du matériel professionnel derrière celui du groupe pour une bonne qualité de son. Et ceux qui enregistrent peuvent demander des sièges dans un endroit spécialement réservé. Il y a même une section pour eux sur le site web des Grateful Dead.

La seule limite est qu'ils n'ont pas le droit d'utiliser ces enregistrements à des fins commerciales. À part cela, ils ont toute liberté pour propager la musique. Au fil du temps, cette pratique a attiré plus de monde à leurs concerts et accru les ventes de leur musique.

Les Grateful Dead vont probablement durer bien après la disparition de groupes plus soucieux de leurs droits, parce qu'ils ont encouragé les gens à profiter librement de leur musique.

90 David Meerman Scott and Brian Halligan, *Marketing Lessons from the Grateful Dead: What Every Business Can Learn from the Most Iconic Band in History* [Leçon de marketing des Grateful Dead : ce que toute entreprise peut apprendre du groupe le plus symbolique de l'histoire], John Wiley, Hoboken, 2010, p. 105-107.

Mon histoire personnelle, par Chris Anthony

Chris Anthony est un consultant en relations clients à Richmond dans l'Indiana. Dans son histoire personnelle, il raconte comment Disney l'a enchanté pour la vie quand le manager d'un restaurant a agi au-delà de toute attente.

NOUS PASSIONS NOTRE LUNE DE MIEL À WALT DISNEY WORLD EN 2007 ET SÉJOURNIONS dans un hôtel qui n'appartenait pas à la chaîne Disney. La nuit précédente, un membre du personnel avait essayé de cambrioler notre chambre. La réponse de la direction avait été : « Vous auriez dû verrouiller la porte. » Nous en sommes restés traumatisés toute la journée ; c'est à peine si nous avons vu le parc que nous visitions. Puis nous nous sommes rendus pour dîner à Jiko, un restaurant dans l'Animal Kingdom Lodge.

Alors que nous attendions, j'ai raconté à Sarah, le manager de service du restaurant, ce qui nous était arrivé. Elle nous a demandé d'attendre et a disparu par la porte réservée au personnel. Quand elle est revenue, elle tenait les clefs d'une chambre et nous a dit : « Annulez votre chambre. Nous allons aligner nos prix sur cet hôtel. Ce qu'ils ont fait est inacceptable. »

Notre lune de miel aurait pu être un désastre. Mais Sarah, au nom de Walt Disney World, l'a transformée en une expérience extraordinaire. Nous n'oublierons jamais cela – et nous n'irons jamais ailleurs.

Chapitre 8

Comment utiliser la technologie *push*

Comme nous ne comprenons pas très bien le cerveau,
nous sommes constamment tentés de prendre pour modèle
la technologie la plus récente pour le comprendre.
Dans mon enfance, on nous assurait toujours que le cerveau
était un standard téléphonique (« Pouvait-il en être autrement ? »)
J'étais amusé de voir que Sherrington, le grand neurologue britannique,
pensait que le cerveau fonctionnait comme le télégraphe.
Freud comparait souvent le cerveau à des systèmes hydrauliques
et électromagnétiques. Leibniz le comparait à un moulin,
et on me dit que certains Grecs de l'Antiquité croyaient
que le cerveau fonctionnnait comme une catapulte.
De nos jours, de toute évidence, la métaphore est l'ordinateur numérique.

John R. Searle

Nous vivons l'âge d'or de l'enchantement, car atteindre des personnes dans le monde entier n'a jamais été plus facile, plus rapide ni plus économique. J'ai déjà parlé ici et là, dans ce livre, de la façon d'utiliser la technologie, mais les deux chapitres qui suivent se concentrent sur la question. Le premier vous explique comment utiliser la technologie *push* – présentations, e-mails et Twitter – pour enchanter.

Principes généraux

Que ferait Dale Carnegie de Twitter ? Son livre *How to Win Friends and Influence People* a été publié en 1937. Depuis, il s'en est vendu plus de quinze millions d'exemplaires, et même de nos jours, ce livre reste sur la liste des deux cents best-sellers d'Amazon. Impressionnant, non ?

Dale Carnegie adorerait Twitter. Il l'utiliserait pour joindre ses clients plus rapidement et plus fréquemment. Il étendrait son influence partout dans le monde avec Internet. Il apprendrait à ses clients comment utiliser Twitter pour se faire des amis et influencer encore plus de gens.

How to Win Friends and Influence People continue à se vendre parce qu'il énonce des principes durables. Si Carnegie avait basé son livre sur les technologies utilisées en 1937, je doute qu'on l'achèterait toujours. Après tout, en 1937, le coût moyen d'une voiture neuve était de 760 dollars ; *Blanche-Neige et les sept nains* était le film le plus populaire ; et la BBC réalisait une émission en extérieur pour la première fois (pour retransmettre le couronnement de George VI).

J'espère que *L'Art de l'enchantement* restera également un livre pertinent pendant des décennies ; donc voici la liste des principes généraux qui devraient s'appliquer à des technologies que je ne peux pas anticiper :

- **Embrayez rapidement.** Quand on vous contacte, répondez rapidement. Rapidement, en 2011, veut dire en moins d'une journée. Peu de gens répondent rapidement et c'est en cela qu'ils n'utilisent pas la technologie comme un outil efficace pour enchanter. Heureusement pour vous, cela signifie qu'une personne répondant rapidement est inhabituelle, et partant, plus enchanteresse.

- **Embrayez avec tout le monde.** Ne vous focalisez pas sur ceux qui sont riches, célèbres ou les personnages influents traditionnels. Traitez tout le monde de la même façon et répondez à autant de personnes que vous le pouvez. On ne sait jamais qui deviendra son ami et partisan le plus précieux. Rappelez-vous : les inconnus sont les nouveaux « quelqu'un » dans un monde où la communication est grande ouverte.
- **Embrayez souvent.** Ne vous attendez pas à ce que juste quelques interactions suffisent pour enchanter les gens. L'enchantement est un processus, non un événement ponctuel. Vous devez continuer à interagir – même quand cela vous semble sans intérêt. S'il est vrai que peu de gens interagissent rapidement, peu le font souvent, ce qui permet donc de sortir facilement du lot.
- **Utilisez des médias différents.** D'une façon générale, si vous employez plusieurs formes de médias, vous avez plus de chances d'enchanter. Le texte seul relève du siècle dernier. Maintenant, il y a les images, les vidéos, le chat et l'audio – et qui sait ce qu'il y aura de plus au moment où vous lirez ce livre ?
- **Ajoutez de la valeur.** Les types principaux de valeur sont : (1) des pointeurs vers du contenu utile, enthousiasmant ou divertissant ; (2) des idées, observations ou du contenu personnel ; (3) des conseils et de l'aide. Quand vous découvrez ces pépites, transmettez-les à vos amis ou suiveurs pour qu'eux-mêmes retirent plus de valeur des ressources en ligne.
- **Créditez les autres.** Portez à leur crédit l'aide que les gens vous ont apportée quand vous transmettez une information intéressante. Donnez-leur un « coup de chapeau ». Laissez un commentaire positif quand vous lisez quelque chose que vous aimez. Sur Internet, ces actions sont l'équivalent de messages de remerciement. Plus vous mettez le projecteur sur les autres, plus vous-même êtes remarqué.
- **Accordez aux gens le bénéfice du doute.** Prenez pour hypothèse que les gens sont honnêtes, intelligents et corrects – et non malhonnêtes, stupides et incorrects. Ne perdez pas votre courtoisie lorsque vous communiquez numériquement. Et prenez pour acquis que tout ce que vous faites est public et permanent ; donc vous laissez des empreintes digitales visibles pour toujours.
- **Acceptez la diversité.** Plus votre perspective est large et souple, plus votre présence en ligne est enchanteresse. Il est possible que vous ayez tort ou qu'il y ait d'autres explications. L'accord sur le désaccord est une philosophie viable. Cela dit, il y a des limites à l'acceptation de la diversité, comme je le souligne dans le paragraphe qui suit.

- **Ne tolérez pas les foutaises.** Si vous accordez aux gens le bénéfice du doute et qu'ils en abusent, ne le tolérez pas. Ma théorie est que si vous pensez que quelqu'un est un trou-du-cul, la plupart des gens qui observent la situation le pensent aussi.
  C'est ce que j'appelle ma théorie de la parfaite connaissance des trous-du-cul. Si vous n'acceptez pas les foutaises, vous enchanterez les observateurs silencieux qui aiment ceux qui ont le courage de résister. N'ayez cependant pas une réaction personnelle ; critiquez l'opinion, la pensée ou la perspective, et non la personne.
- **Limitez l'auto-promotion.** Contrairement à ce que croient les fascistes des médias sociaux, vous n'êtes pas limité à « zéro ». Si le contenu de vos tweets, articles et messages n'excède pas les 5 % de promotion personnelle, tout va bien. D'un autre côté, si personne ne se plaint, c'est que vous n'en faites pas assez. En règle générale, plus vous apportez de la valeur, plus vous êtes en situation de promouvoir votre cause.
- **Dévoilez vos conflits d'intérêts.** Je l'ai dit au chapitre 3 (« Comment créer la confiance »), mais c'est assez important pour qu'on le répète : dévoilez vos conflits d'intérêts. Il y a deux raisons à cela : d'abord, c'est honnête. Ensuite, si vous avez enchanté les gens, les causes que vous adoptez vont les intéresser. En conséquence, dévoiler ses conflits d'intérêts est du marketing intelligent.

Ces principes valent pour tout sauf la télépathie, le voyage dans le temps, la pensée sous contrôle et les échanges de cerveaux. Cela dit, si de telles technologies devenaient disponibles, rien n'exigerait l'enchantement pour changer les états d'esprit, les cœurs et les actions et personne ne lirait ce livre de toute façon.

Présentations

> *Parler, c'est exercer un pouvoir : on parle pour persuader, convertir ou imposer. On parle pour convertir quelqu'un à sa conception du bon sens.* **Ralph Waldo Emerson**

Même si j'adore les principes généraux, je déteste les livres mollassons qu'on laisse tomber (ou dois-je dire « qui vous tombent des mains » ?) en se demandant : « Mais qu'est-ce que ça va changer pour moi ? » La suite de ce chapitre fournit des tâches et suggestions concrètes pour l'utilisation de technologies qui existent en 2011. Le premier sujet concerne les présentations.

Al Gore, *An Inconvenient Truth*, © Paramont Classics.

Si vous croyez que les présentations ne peuvent pas enchanter les gens, c'est que vous n'en avez jamais vu de bonnes. Pensez à l'impact d'*Une vérité qui dérange* d'Al Gore. La vie d'une entreprise implique de multiples présentations à des employés potentiels, des clients, des investisseurs, des conseillers, des revendeurs, des partenaires, des journalistes, des blogueurs, des organismes de contrôle et des banquiers d'investissement (espérons-le).

Les outils de présentation les plus communs sont PowerPoint et Keynote, même s'il n'est pas nécessaire d'utiliser une quelconque technologie. À la base de toute super présentation, il y a une super cause. À supposer que ce que vous faites est génial, voici les ingrédients pour une présentation enchanteresse :

- **Personnalisez l'introduction.** Voici un secret : les très bons conférenciers font toujours la même présentation (c'est même ainsi qu'ils la perfectionnent), mais ils sont si bons que le public ne s'en rend pas compte. Il y a une partie qui doit changer, cependant, c'est le début. Jusqu'à présent, je n'ai rien garanti dans ce livre, mais je vous garantis que vous enchanterez votre public, au moins pendant les cinq premières minutes, si vous personnalisez vos remarques d'introduction.
  Proposez quelque chose de très personnel et non l'habituel : « Je suis si heureux d'être ici aujourd'hui – bla bla bla. » En ce qui me concerne, j'utilise des images pour personnaliser mes discours. Par exemple, j'ai montré des photos des imprimantes et des fax Hewlett-Packard que j'ai chez moi et au bureau quand je me suis adressé à la division des imprimantes de l'entreprise. Quand j'ai parlé devant SC Johnson, j'ai montré les photos du Pledge et du Windex qui étaient sous notre évier. À votre avis, qu'ai-je montré chez Rubbermaid ?
  Je fais un effort tout particulier quand je parle dans une ville étrangère. J'arrive généralement un jour à l'avance ; je visite les lieux pour élargir mon horizon et je prends des photos de ce qui m'enchante. Si je n'ai pas l'occasion de visiter, je photographie le public et l'introduis dans mes slides d'introduction.
  Voici des exemples de photos que j'ai utilisées dans mes discours autour du monde.

Debout près d'une vache sacrée à Mumbai.

J'achète du *haggis*[91] chez Crombie à Édimbourg.

Regardant le pied d'un éléphant à Elephant's Foot au Bangalore Palace.

91 NDT : Le *haggis*, parfois plus connu en France sous le nom de « panse de brcbis farcie », est un plat traditionnel écossais : http://fr.wikipedia.org/wiki/Haggis.

Tape m'en dix avec Jésus à Rio de Janeiro.

Je mesure la taille des boulets de canon à Moscou.

Je patine avec Ken King, le président des Calgary Flames.

J'essaie un fez au Grand Bazar d'Istanbul.

Bras d'un participant à la conférence de la Surf Industry Manufacturers Association.

- **Vendez votre rêve.** Les enchanteurs ne vendent pas des produits, des services ou des sociétés. Ils ne pensent pas en termes de coût unitaire de fabrication, en termes de verre, de silicone, d'acier, de cuir ou autres. Steve Jobs ne se dit pas : « Comment vais-je m'arranger pour que les gens en achètent pour 188 dollars et prennent un contrat de deux ans chez AT&T ? »
  Les enchanteurs vendent leur rêve d'un avenir meilleur – des interactions sociales plus sympathiques, un environnement plus propre, une expérience de conduite décoiffante ou l'avenir de l'édition. Ce sont ces perspectives-là que l'on trouve à la base d'une présentation qui transforme les gens. Elles leur font penser à ce qui pourrait exister, non à ce qui existe. Elle permet aux enchanteurs de puiser leur énergie dans le public et de la lui retourner amplifiée.
- **Pensez scénario, non discours.** Nancy Duarte de Duarte Design recommande de penser une présentation comme un scénario en trois actes : le premier acte donne le contexte de l'histoire et de « ce qui existe ». Le deuxième dramatise « ce qui pourrait être ». Le troisième acte résout l'intrigue et explique comment lui donner une existence. Il y a clairement plus de discours barbants que de films où l'on s'en-

nuie. Peut-être est-ce parce que les conférenciers n'utilisent pas une structure de scénario.

- **Soyez théâtral.** Prenez des images évocatrices, des vidéos saisissantes et des démos de produits pétillantes pour rendre votre présentation passionnante. L'objectif est de fournir une information stimulante, qui fait bouger les gens. Et, disons-le au passage, des slides avec du texte enchantent rarement ; donc moins il y a de mots, mieux c'est.

Steve Jobs et une slide minimaliste.

- **Raccourcissez**. En règle générale, plus il vous faut de temps pour faire un pitch, plus c'est la preuve que vous manquez de talent et que votre cause est médiocre. Mon conseil est la règle des 10-20-30 : faites une présentation en dix slides, en vingt minutes, avec une police de caractères qui n'est pas inférieure à trente points.
- **Exercez-vous.** Répétez votre présentation jusqu'à ce que vous en ayez marre. Et répétez encore. Si vous croyez que Steve Jobs se pointe sur scène pour le faire à l'arrache, vous avez tort. Il se prépare pendant des heures – et il est Steve Jobs. Maintenant imaginez ce qu'il nous faut comme temps à nous autres !

- **Chauffez le public.** Arrivez de bonne heure pour rencontrer des gens avant de prendre la parole. Il y a deux avantages à cela. D'abord, votre niveau de confiance augmentera parce que vous vous ferez des amis qui voudront votre succès. Ensuite, cette interaction, même brève, augmentera le soutien du public.
- **Parlez fréquemment.** Ma dernière recommandation est que vous répétiez votre présentation aussi souvent que possible, car la répétition améliore vos talents d'orateur. À la centième fois, il se peut que vous croyiez que tous les gens qui importent l'ont déjà vue. Vous auriez tort. Al Gore estime qu'il a fait sa présentation d'*Une vérité qui dérange* plus d'un millier de fois.

Finalement, si vous avez une heure de libre, regardez la conférence la plus enchanteresse que j'ai faite. C'était à l'Indus Entrepreneur Conference de 2006. Les conditions optimales étaient réunies pour moi : beaucoup d'énergie dans la foule, public debout, fans de mes écrits et des orateurs ennuyeux avant moi. Ce n'était pas moi qui étais enthousiaste, c'est la foule qui m'a enthousiasmé. Le summum, c'est quand elle m'a demandé de continuer alors que le personnel organisant la conférence essayait de m'arracher à l'estrade.

E-mail

L'e-mail est l'outil de communication numérique principal pour des millions de gens. Il est possible que les messages Facebook ou d'autres formes de réseaux sociaux le remplace, mais cela va prendre encore quelques années après la publication de ce livre ; donc, pour le moment, la maîtrise de l'e-mail reste importante. Voici comment l'utiliser comme un outil d'enchantement :

- **Ayez une vraie adresse e-mail.** Si vous voulez que les gens vous prennent au sérieux, votre adresse e-mail doit contenir le nom de domaine de votre organisation – par opposition à aol.com, gmail.com ou yahoo.com. Si vous utilisez des services d'e-mail qui ne sont pas complètement dédiés à votre cause, les gens vont se demander pourquoi, eux, devraient s'y intéresser.

- **Obtenez une recommandation.** Le problème de la communication par e-mail est d'atteindre les gens que vous ne connaissez pas ou leurs intermédiaires. Le meilleur moyen est d'obtenir une recommandation par quelqu'un que le destinataire connaît, aime et respecte. Seuls les gens les plus zélés lisent les e-mails qui leur arrivent sans introduction préalable.
- **Personnalisez le sujet du message.** Même si vous êtes recommandé, le sujet du message est important, car il aide le destinataire à décider s'il va ou non le lire. Si le destinataire ne vous connaît pas ou ne vous a pas été présenté, c'est d'une importance critique.Les types de sujet de message qui marchent incluent le nom que le destinataire connaît (« Votre femme m'a dit de vous envoyer un e-mail »), une indication montrant que la personne connaît vos centres d'intérêt (« Avez-vous envie d'aller à un match des Sharks ? ») ou le nom de sa société (« Une autre source de nouvelles pour Alltop ») ; le cirage de pompes marche aussi très bien (« J'ai adoré *L'Art de l'enchantement* »).
- **Limitez-vous à six phrases.** Parmi les centaines de milliers d'e-mails que j'ai reçus, je ne peux pas me souvenir d'un seul qui ait été trop court. En revanche, 95 % étaient trop longs. La longueur idéale est de six phrases ou moins et le message ne doit pas contenir autre chose que les informations suivantes : (1) la raison pour laquelle vous contactez cette personne (voir « Cirez les pompes » ci-dessous) ; (2) qui vous êtes ; (3) en quoi consiste votre cause ; (4) ce que vous voulez ; (5) comment le destinataire peut vous aider et (6) l'étape suivante.
- **Cirez les pompes.** Il serait plus politiquement correct de dire : « Travaillez votre sujet », mais le résultat est le même. La première phrase doit indiquer que vous contactez le destinataire pour une bonne raison et que vous savez quelque chose sur lui. Par exemple : « Je vous suis sur Twitter et je remarque vos tweets constants sur la photographie. Ma société a développé une nouvelle façon d'aider les débutants à réaliser de meilleures photos. »
- **Minimisez les pièces jointes.** Les pièces jointes sont agaçantes et beaucoup de gens ne les ouvrent pas de peur de se prendre des virus. C'est la raison pour laquelle vous ne devriez que rarement mettre des pièces jointes à votre e-mail initial. Si le destinataire manifeste son intérêt après que vous vous êtes présenté à lui, vous pouvez lui demander par la suite la permission d'envoyer des pièces jointes.

- **Demandez quelque chose de concret.** S'il y a une chose pire qu'un e-mail qui en demande trop, c'est un e-mail qui ne demande rien – ou n'est pas clair sur ce que veut l'expéditeur. Si vous avez suscité l'intérêt ou l'attention de quelqu'un, faites-en quelque chose. Par exemple, proposez-lui de visiter votre site web ou de regarder une vidéo. Si le destinataire se demande ce que vous voulez après avoir lu votre e-mail, vous avez gâché une opportunité.

Voici un exemple d'e-mail qui a eu de l'effet sur moi. Dès que je l'ai reçu, j'ai installé l'application sur mon iPhone. Il est un peu long, mais les éléments de base étaient là : cirage de pompes, explication de ce que vous faites, preuve que vous savez ce qui m'intéresse, et enfin une sollicitation.

De : Priya Kane <priya.kane@micello.com>

Date : 1 July 2010 4 :49 :58

Pour : « guy@alltop.com » <guy@alltop.com>

Sujet : Revue app iPhone/Droid

Bonjour Guy,

Je m'appelle Priya Kane et je représente la société de cartes d'intérieurs, Micello. En un mot, Micello fait du Google Maps pour les intérieurs ! Nous avons une application iPhone/Android qui permet aux utilisateurs de naviguer dans les endroits connus comme des aéroports, des galeries marchandes ou des écoles grâce à des cartes interactives.

De plus, Micello a des fonctionnalités uniques, comme la recherche sur l'emplacement des bâtiments, navigation/directions d'un point à un autre et des flux en temps réels améliorant les possibilités d'interaction de l'utilisateur.

Chez Micello, nous avons suivi votre blog pendant deux mois et nous constatons que vous attirez un grand nombre de visiteurs. C'est pour cela que nous voulions vous donner des informations sur notre application de cartographie, que nous espérons que vous pourrez la regarder et éventuellement y consacrer un article.

Nous aimerions savoir ce que vous pensez de l'application, et si vous choisissez d'écrire une critique dessus, nous vous en serions très reconnaissants. Pour plus d'informations, vous pouvez me contacter à priya.kane@micello.com.

Merci,
Priya Kane
Micello
http://micello.net/

Twitter

Twitter est l'outil pour enchanter le plus puissant que j'ai utilisé dans ma carrière. Sa puissance est supérieure à celle des sites web et des blogs parce que c'est un milieu *push*. Cela signifie que les gens n'ont pas besoin d'aller sur votre blog ou votre site web pour lire vos messages (tweets). Au lieu de cela, ceux qui vous suivent voient que vous avez posté un message quand ils s'en servent.

DÉMARRONS

Pour commencer, voici trois façons d'améliorer votre utilisation du service :

- **Rafraîchissez votre photo.** Généralement les hommes sont mieux en réalité que sur leur photo, et les femmes moins bien, mais tout le monde aurait intérêt à utiliser une image meilleure. Il n'est pas nécessaire d'être séduisant physiquement, mais prenez au moins une photo bien centrée et bien éclairée. Assurez-vous que votre muscle grand zygomatique (le faiseur de pattes-d'oie) est activé. Voici un test rapide : double-cliquez sur votre photo. S'agrandit-elle ? Est-elle floue ? Avez-vous des yeux rouges ?
- **Fournissez un profil descriptif.** L'information sur votre profil est votre carte de visite, votre CV, votre positionnement et votre pitch. Assurez-vous qu'il donne toutes les informations possibles sur vos antécédents, vos intérêts et vos capacités.

Profil de Guy Kawasaki.

- **Répétez vos tweets.** Certains sont en désaccord avec moi sur le sujet, mais je répète mes tweets. Je fais cela parce que Twitter, c'est CNN, le *New York Times*, Reuters et l'Associated Press dopés aux hormones. Vous ne pouvez pas supposer que vos suiveurs verront vos tweets si vous ne les postez qu'une seule fois, parce qu'ils vivent sur différents fuseaux horaires. C'est pour la même raison que CNN et ESPN répètent les mêmes histoires tout au long de la journée.

POSTEZ DES LIENS INFORMATIFS

Pour enchanter les gens avec Twitter, vous devez vous positionner comme une personne digne d'intérêt en ajoutant de la valeur au flux Twitter des gens. Il y a au moins trois façons de faire cela : des liens informatifs, un engagement personnel et du marketing promotionnel.

Tweet de Britney Spears.

Si vous êtes une célébrité comme Lance Armstrong, Britney Spears (voir plus haut) ou Barack Obama, twitter qu'une visite chez le dentiste est une horreur pourrait suffire. Il n'en va pas de même pour la plupart d'entre nous : tout le monde se fiche de l'émission qu'on regarde, de la queue chez Starbucks ou des états d'âme du chat.

Au lieu de cela, postez des liens qui pointent vers des histoires, des vidéos et des images que les gens pourraient ne pas trouver sans vous. Le challenge est de découvrir plein de liens intéressant vos AFS (amis, fans et suiveurs). J'en sais quelque chose : repérer du contenu valable est un travail à temps plein ; donc voici cinq méthodes pour vous faciliter la vie :

- **Tweetez votre contenu.** Si vous ou votre organisation générez du contenu sur votre site web ou votre blog, faites-le connaître via Twitter. Des organisations comme Mashable, CNN et le *New York Times* (voir plus bas) font des tweets avec des liens vers les contenus qu'ils génèrent. Si votre activité est de générer du contenu, c'est une bonne option pour vous.

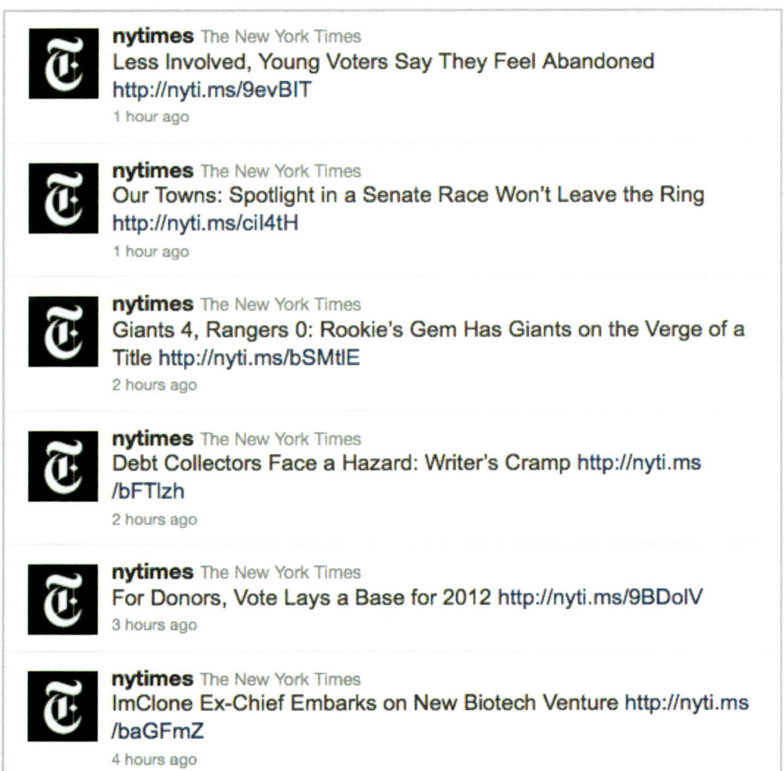
nytimes The New York Times
Less Involved, Young Voters Say They Feel Abandoned http://nyti.ms/9evBIT
1 hour ago

nytimes The New York Times
Our Towns: Spotlight in a Senate Race Won't Leave the Ring http://nyti.ms/cil4tH
1 hour ago

nytimes The New York Times
Giants 4, Rangers 0: Rookie's Gem Has Giants on the Verge of a Title http://nyti.ms/bSMtlE
2 hours ago

nytimes The New York Times
Debt Collectors Face a Hazard: Writer's Cramp http://nyti.ms/bFTlzh
2 hours ago

nytimes The New York Times
For Donors, Vote Lays a Base for 2012 http://nyti.ms/9BDolV
3 hours ago

nytimes The New York Times
ImClone Ex-Chief Embarks on New Biotech Venture http://nyti.ms/baGFmZ
4 hours ago

Flux Twitter du *New York Times*.

- **StumbleUpon.** Quand vous vous enregistrez sur StumbleUpon, vous précisez vos centres d'intérêt. Ensuite, quand vous tombez dessus (« *stumble* » en anglais), le service vous conduit aux sites et blogs qui traitent de ces sujets et que d'autres utilisateurs de StumbleUpon ont aimés. Pour tirer le meilleur parti de StumbleUpon, installez la version barre à outils dans votre navigateur. Comme approximativement 14 846 969 personnes, j'utilise la version Firefox parce qu'elle me permet de choisir des catégories et de partager des pages via Twitter, Facebook, et par e-mail.
- **SmartBrief.** Les cerveaux de cette société passent au crible des centaines d'histoires pour en sélectionner les meilleures pour le compte de dizaines de groupements professionnels. Ensuite, la société les rend accessibles à tout le monde. Pour bénéficier du travail et de l'expertise de cette société, tout ce que vous avez à faire est d'aller sur son site et vous abonner à ses bulletins. Voyez en SmartBrief un filtre humain et intelligent d'informations.
- **Alltop.** Imaginez la version en ligne d'une étagère de revues dans une librairie, à ceci près qu'il y a 850 thèmes et que c'est gratuit. Alltop agrège les nouvelles par sujets, présente les cinq histoires les plus récentes des meilleurs sites et blogs sur un sujet et vous donne une présentation de chaque histoire. Il n'y a pas de manière plus rapide pour parcourir les nouvelles. (Note : je suis cofondateur d'Alltop.)
- **Stagiaires.** Vous pouvez engager des gens – généralement des stagiaires – pour qu'ils vous trouvent des trucs. Pour 10 à 20 dollars de l'heure, il y a beaucoup de gens intelligents capables de balayer Internet pour vous trouver du contenu pertinent. C'est l'un de ces cas où payer pour trouver une solution à un problème peut marcher.

La preuve de l'intérêt réel des gens pour vos tweets est le retweet qu'ils font à leurs suiveurs. Vraiment, la forme la plus sincère de flatterie est de retweeter, et non d'imiter.

INTERAGISSEZ EN PERSONNE

Vous pouvez aller loin avec la simple diffusion de liens informatifs. Mashable, CNN et le *New York Times* en font la démonstration, car ce sont des comptes très suivis. Néanmoins, je ne les ai pas vus répondre aux gens, ce qui ne les rend pas aussi enchanteurs qu'ils pourraient l'être.

La raison pour laquelle les organisations n'interagissent pas manuellement avec les gens est que cela représente beaucoup de travail et qu'il est difficile de le faire à grande échelle : comment pourraient-elles répondre à des centaines de milliers de suiveurs ? Il n'est pas surprenant qu'elles aient peur d'ouvrir les vannes : « Si nous commençons à répondre, nous serons rapidement débordés par le volume et on va attendre de nous une interaction permanente. » Elles ont raison – c'est ce qui *pourrait* arriver. La question est de savoir si cet effort vaut le coup, comparé aux autres dépenses marketing.

Vous devinez ma réponse : actuellement, Twitter est l'une des façons les moins chères et les plus efficaces pour interagir avec les gens et les enchanter. Des entreprises comme Virgin America (voir plus bas), Dell, Comcast, Ford et Cisco répondent aux questions et aux plaintes sur Twitter. Vous pouvez donc le faire vous aussi, si c'est suffisamment important pour vous et si vous y trouvez de la valeur ajoutée.

Flux Virgin America.

Par exemple, Comcast gère les interactions sur Twitter et Facebook avec une équipe de dix personnes seulement. Vous pourriez au moins essayer – engager un MBA en moins, économiser 100 000 dollars par an et salarier deux personnes responsables des médias sociaux. Vous découvrirez que rien n'enchante plus les gens sur Twitter que de voir une entreprise répondre à leurs tweets.

PROMOUVEZ VOTRE CAUSE

Les promotions marketing sont le dernier type de contenu. Il se pourrait que vous reculiez devant l'idée qu'il s'agisse de contenu, mais si vous êtes à la recherche d'une bonne affaire pour du matériel Dell (voir ci-dessous) ou pour un billet sur Virgin America, ce genre de tweet est acceptable et même bienvenu.

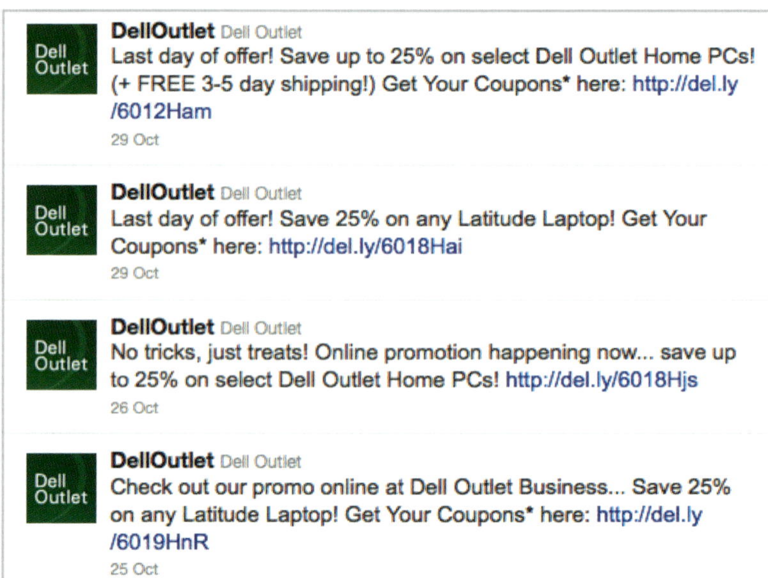

Tweets promotionnels de Dell.

Établissez vos propres paramètres dans l'utilisation de Twitter comme mécanisme promotionnel, mais 5 % de vos tweets est un bon dosage. Notez que sur cette copie d'écran des tweets de DellOutlet, Dell promeut ses produits, mais apporte aussi de l'aide à ses clients. C'est un bon exemple d'utilisation de Twitter pour vendre et apporter du soutien.

SOYEZ PERSONNEL

J'ai gardé mon meilleur conseil Twitter pour la fin : poussez l'interaction manuelle à l'extrême. Avant de répondre, regardez le profil de vos interlocuteurs pour rendre votre tweet plus pertinent. Peu de gens font ce genre d'effort. Voici un exemple de ce à quoi un échange hautement personnalisé peut ressembler. Il commence par mon tweet d'une photo de mes parents avec John Wayne.

L'un de mes suiveurs m'a répondu avec ce tweet :

[Votre mère est sensationnelle]

J'ai vérifié son profil et j'ai découvert qu'elle était gastronome.

Voici ma réponse à sa réponse :

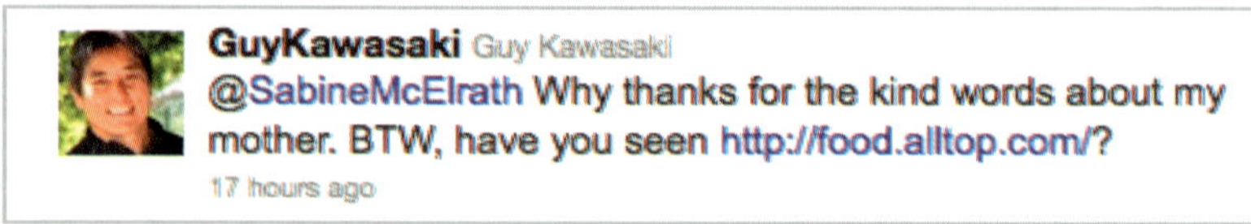

[Merci pour vos propos aimables sur ma mère. Au fait, avez-vous vu http: / /food.alltop.com ?]

Et voici sa réponse à ma réponse personnalisée :

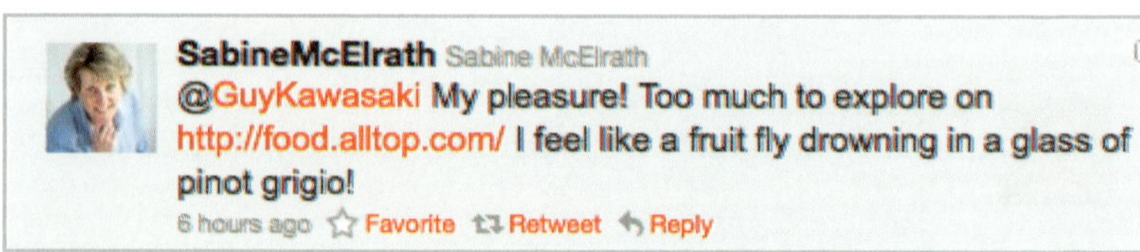

[Avec plaisir ! Trop à voir sur http: / /food.alltop.com. J'ai l'impression d'être une mouche qui se noie dans un verre de pinot gris]

Twitter a ses pages de profil et les gens les remplissent. Elles sont là pour que vous interagissiez avec les autres de la façon la plus personnalisée et la plus enchanteresse.

Mon histoire personnelle, par Garr Reynolds

Garr Reynolds est un auteur et un consultant en communication vivant à Nara au Japon. Dans cette histoire personnelle, il explique sa fascination pour le Japon et comment ce pays a influencé ses discours et ses présentations.

J'AI ÉTÉ ÉLEVÉ DANS UNE GRANDE MAISON SUR LA PLAGE DE SEASIDE DANS L'OREGON. L'aménagement du jardin en façade était d'inspiration japonaise, avec un étang ko* et de grandes lanternes de pierre. Un jour, en jouant sur la plage après une tempête, j'ai découvert un beau flotteur en verre qui s'était décroché d'un bateau de pêche japonais très loin au large. Je l'ai gardé dans ma chambre car il m'évoquait ce pays exotique de l'autre côté du Pacifique que je voyais de ma fenêtre.

Quand j'ai eu une vingtaine d'années, je suis parti au Japon dans le cadre d'un programme d'échange. J'ai immédiatement aimé le pays, mais il m'a fallu trois ans avant que je ne m'adapte vraiment à sa culture. Au cours des premières années, je me suis mis à étudier sa langue et son histoire, ainsi que la méditation zen et beaucoup d'arts zen, comme le sumi-e, la cérémonie du thé, l'ikebana, le théâtre nô, etc.

Grâce à cette expérience et ces études personnelles, je me suis débarrassé de mes stéréotypes et de conceptions erronées sur le Japon et me suis mis à apprécier la profondeur et l'étendue de sa culture ainsi qu'à voir tout ce qui est à la disposition de celui qui veut apprendre. Même si j'ai été content de rentrer aux États-Unis, je sentais en moi l'appel continu du Japon – j'étais enchanté.

Qu'est-ce qui fait l'attrait du Japon ? Un mélange de beaucoup de choses. La nourriture *(washoku)*, par exemple, est aussi esthétiquement belle que nutritive et délicieuse. Le design et la présentation sont importants. Le service client et le respect pour l'« honorable client » sont sans équivalent dans le monde. Les juxtapositions sont partout : complexité et simplicité, modernité et tradition, haute technologie et coutumes anciennes.

D'une manière générale, la vie à l'étranger ouvre l'esprit et élargit votre horizon. C'est particulièrement vrai dans une culture ancienne comme celle du Japon, qui embrasse la patience, la coopération et l'humilité. Le Japon m'a appris à ralentir mon esprit occupé et l'art de voir les choses sous un autre angle.

Ma famille est installée dans la maison que nous avons construite dans la campagne tranquille de Nara, au milieu des jardins zen, des forêts de bambous, des autels shinto et des temples bouddhistes. Je suis absolument enchanté par l'ampleur et la profondeur de la culture japonaise et ses enseignements sur le design, l'économie, la modération et la vie en harmonie avec l'environnement.

Les arts traditionnels japonais m'ont appris le pouvoir de l'espace vide et l'importance de l'amplification par la simplification et la suggestion visuelle, et maintenant j'applique ces leçons aux présentations et au design de livres.

La fin du chapitre suivant donne des informations supplémentaires sur l'application des principes japonais de Garr.

* Bassin aménagé ou étang où l'on élève des carpes koï : http://fr.wikipedia.org/wiki/Koï.

Chapitre 9

Comment utiliser la technologie *pull*

La fonction du muscle est de tirer et non de pousser, sauf dans le cas des organes génitaux et de la langue.

Léonard de Vinci

La technologie *push* apporte votre histoire aux gens. La technologie *pull* les attire vers votre histoire. L'avantage de la technologie *pull* est que vous pouvez fournir une grande quantité d'informations – si on compare, par exemple, aux 140 caractères d'un tweet. Ce chapitre explique comment séduire et tirer le meilleur parti de la curiosité des visiteurs de votre site, votre blog, Facebook, LinkedIn ou des pages YouTube.

Sites web et blogs

Pour diffuser une grande quantité d'informations, vendre un produit, fournir du support et des documents à télécharger, les sites web et les blogs sont imbattables. Voici comment vous pouvez maximiser leur pouvoir d'enchantement :

- **Fournissez un contenu intéressant.** C'est une évidence, mais une évidence qui échappe à beaucoup. Un site web ou un blog sans contenu utile ou divertissant n'est pas enchanteur. Cela ne signifie pas que tout le monde doive en aimer le contenu, mais votre site doit être attrayant pour votre cœur de cible.

- **Renouvelez-le souvent.** Les sites web et les blogs enchanteurs ne sont pas des catalogues qui racontent une histoire à visée marketing sans rebondissement. Un contenu intéressant sans modification ne reste pas intéressant longtemps et personne ne reviendra sur votre site web ou votre blog si vous ne vous renouvelez pas fréquemment. Idéalement, il faut modifier le contenu tous les deux ou trois jours.
- **Laissez tomber le flashy (et Flash).** Vous trouvez peut-être sympa de présenter une vidéo de soixante secondes aux gens qui débarquent sur votre site. En tout cas, votre développeur adore ça. Cela fait deux personnes dans le monde. Trois, si vous ajoutez la mère du développeur. Supprimez l'intro clinquante et laissez les gens entrer d'emblée, sauf si vous avez envie qu'ils écourtent leur visite ou ne viennent qu'une fois.
- **Soyez rapide.** Il est indécent que les visiteurs accèdent rapidement à votre page d'accueil, mais doivent ensuite patienter pendant le chargement. Les gens s'attendent à un accès immédiat, donc il est inexcusable qu'il faille plus de quelques secondes de chargement.
- **Parsemez d'illustrations et de photos.** Un site ou un blog parsemé d'illustrations, de photos et de vidéos sera plus intéressant et plus enchanteur. Si vous devez pécher par excès, utilisez-en trop plutôt que pas assez – à l'exception de l'intro clinquante.
- **Prévoyez une page de foire aux questions (FAQ).** Les gens adorent les FAQ, car elles vont droit au but. Trouvez les questions les plus souvent posées, et répondez-y pour éviter aux visiteurs la corvée de devoir chercher la réponse.
- **Créez une page « À propos de ».** Les visiteurs ne doivent pas se demander ce que fait votre entreprise et pourquoi elle le fait. Dites-le dans le « À propos de ». La confusion et l'ignorance sont les ennemis de l'enchantement.
- **Aidez les visiteurs à naviguer.** Permettez aux gens d'explorer votre site ou votre blog pour qu'ils y trouvent rapidement ce qu'ils cherchent. De plus, une carte du site les aidera à en comprendre la topologie.
- **Présenter l'équipe.** Peu d'entre nous aimons traiter avec une organisation sans nom, sans visage et sans âme. Une bonne page « Qui sommes-nous ? » est la solution. Jetez un coup d'œil à cet exemple excellent d'Arc90, une société de design à New York.

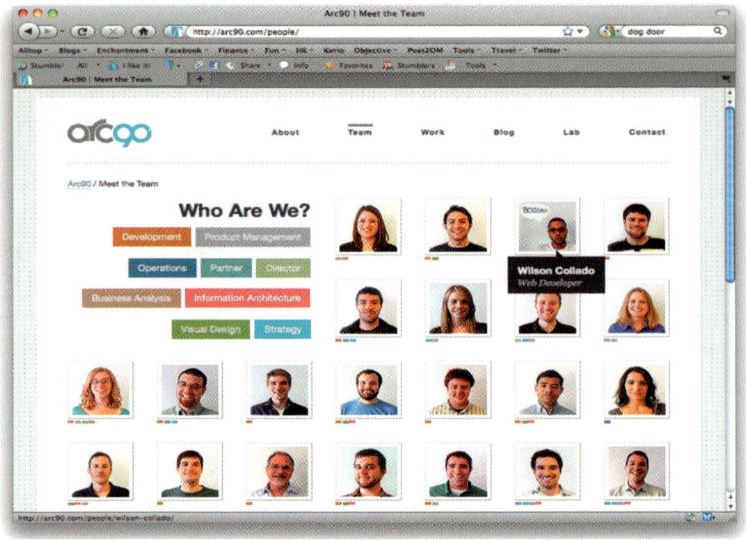

- **Optimisez les visites à partir de divers systèmes.** Peu importe l'appareil utilisé, votre site web et votre blog doivent offrir une interface correcte. Un site web conçu pour un portable ou un ordinateur de bureau ne sera pas forcément adapté à l'utilisation par un téléphone mobile ou un iPad ; donc, créez des versions particulières tenant compte des différents moyens d'accès à votre site.
- **Proposez de multiples méthodes d'accès.** À chacun ses habitudes : il y a ceux qui aiment les sites web et les blogs, et ceux qui préfèrent des flux RSS, des envois par e-mail, des pages Facebook et des flux Twitter. Offrez de multiples méthodes pour retenir les utilisateurs et veillez à ce que ces options soient faciles à trouver sur votre site.

1 000 Awesome Things[92] est un site qui intègre la plupart de ces qualités. Voici comment son créateur le décrit :

Je m'appelle Neil Pasricha, et je suis l'inconnu de trente-deux ans qui a démarré 1 000 Awesome Things en juin 2008 avec l'objectif de parler de quelque chose de génial tous les jours de la semaine.

J'ai fait cela à un moment où ma vie s'effondrait. Mon meilleur ami s'était suicidé et ma femme et moi partions chacun de notre côté.

92 NDT : « 1 000 choses géniales. »

Nous avons vendu notre maison, j'ai emménagé dans un appartement minuscule et j'ai essayé de me remettre sur pieds en évoquant un petit plaisir simple et universel absolument chaque jour – comme les jours de neige, l'odeur d'une boulangerie ou le bruit sec d'un papier bulle.

Les surfeurs internet du monde entier ont soutenu *Awesome Things* depuis le début, l'ont fait connaître à leurs amis qui, à leur tour, l'ont fait connaître aux leurs. Grâce à eux, nous avons obtenu le prix du meilleur blog deux ans d'affilée et un contrat pour un livre.

The Book of Awesome[93] doit paraître au printemps.

Franchement, c'est juste incroyable. Je suis complément sous le choc et dépassé. Mais plus que tout autre chose, j'ai simplement envie de dire « merci ».

Le site fait une description courte de petits actes délicieux qui font sourire les gens – par exemple, des invités à dîner qui font la vaisselle même si on leur a demandé de ne pas la faire ou quelqu'un qui n'aime pas la croûte de la pizza et vous la donne. Jetez un coup d'œil à la page d'accueil du site pour comprendre pourquoi ce genre de page peut vous aider à enchanter les gens.

93 NDT : Le livre est paru en avril 2010 aux États-Unis.

Facebook

J'utilise simplement mes muscles
comme un sujet de conversation, comme quelqu'un
qui promène un guépard sur la 42e rue. **Arnold Schwarzenegger**

Si Facebook était un pays, il serait, en 2010, le troisième du monde en termes de population – après la Chine et l'Inde mais avant les États-Unis. Le désir d'enchanter les membres de Facebook n'en devient que plus raisonnable et logique. En terminant la rédaction de ce livre, j'avais le choix entre créer un site ou créer une page de fans sur Facebook pour en assurer la promotion. J'ai choisi Facebook pour les raisons suivantes :

- Le nombre de membres sur Facebook est important et il s'agit du genre de personnes que ce livre pourrait intéresser.
- Le développement d'une page de fans sur Facebook est rapide, facile, et du coup, peu cher. Cela m'a coûté approximativement 1 750 dollars de le faire réaliser par HyperArts Web Design.
- La plateforme Facebook offre la possibilité de laisser des commentaires, de poster des photos et des vidéos, et de partager. Ces fonctionnalités sont gratuites.
- La plateforme Facebook supporte des applications extérieures. Quand il y a quelque chose que Facebook ne peut pas faire, on trouve généralement une application bon marché ou gratuite pour le faire.
- L'identité des utilisateurs de Facebook est plus fiable. Sur une page web, n'importe qui peut laisser un commentaire en utilisant n'importe quelle identité. Quand quelqu'un dépose un commentaire sur Facebook, il y a plus de chance que ce soit une personne réelle.
- Les fonctionnalités « J'aime » et « Partager » de Facebook sont fabuleuses. Elles permettent de diffuser la bonne parole valorisant votre cause. Une fois que vous enchantez les gens par votre page de fans, vous leur donnez envie de propager eux aussi l'enchantement.

Mari Smith est coauteur de *Facebook Marketing: An Hour a Day*[94] et l'auteur principal de *The Relationship Age*[95]. Fast Company l'a

---

94 Chris Treadaway, Mari Smith, *Facebook Marketing: An Hour a Day* [Marketing sur Facebook : une heure par jour], Sybex, 2010.

95 Mari Smith, *The Relationship Age* [L'Âge de la relation], Celebrity Press LLC, 2010.

surnommée « le joueur de flûte de Facebook[96] ». J'ai eu recours à son expertise dans l'art d'utiliser Facebook pour enchanter. Voici ses techniques préférées :

- **Ajoutez un onglet d'accueil à votre page de fans.** Une organisation peut spécifier quel onglet les visiteurs peuvent voir sur leur page de fans. La plupart du temps, il s'agit d'un simple message de bienvenue personnalisé par des illustrations, un texte de publicité et parfois un message vidéo. La finalité de cet onglet est double : d'abord, communiquer à ceux qui vous rendent visite pour la première fois la raison de votre présence sur Facebook ; ensuite, d'inviter ces visiteurs à rejoindre (« J'aime ») la page de fans et, ce faisant, de vous aider à la faire connaître.

La landing page de *L'Art de l'enchantement*.

96 NDT : Allusion à la légende allemande : *Le Joueur de flûte de Hamelin*, http://fr.wikipedia.org/wiki/Le_Joueur_de_flûte_de_Hamelin.

- **Tirez parti des listes d'amis.** Pour mieux gérer vos amis, créez des listes de gens importants. Vous pouvez alors visualiser plus facilement vos flux quotidiens et faire rapidement un « J'aime » ou un commentaire pour entretenir ces relations importantes.
- **Utilisez votre profil personnel pour le réseautage professionnel.** La création d'un profil personnel vous permet de joindre les gens et de les choisir pour amis, de faire des commentaires sur leur mur et de construire des relations clefs. Mais contrôlez vos statuts et vos messages, car on ne sait jamais qui peut les lire.
- **Utilisez les @ tags[97] stratégiquement.** Vous pouvez utiliser jusqu'à six « @ tags » pour une mise à jour ou un message (sur votre page de profil ou sur votre page de fans) et ils peuvent inclure des amis, des pages de fans, des événements ou des groupes. Utilisez les @ tags pour remercier, reconnaître et enchanter les gens.
- **Prévoyez un endroit où vos fans peuvent faire leur promotion.** Pour honorer vos fans et minimiser le spam sur votre mur, fournissez-leur un forum grâce à l'onglet « Discussion ». Précisez comment et où vous souhaitez qu'ils fassent des posts. Par exemple, Mari Smith a depuis longtemps un fil de discussion encourageant les fans à promouvoir leur compte Twitter.
- **Répondez aux posts des fans rapidement et personnellement.** Mettez en place une stratégie d'engagement efficace (vous aurez peut-être besoin d'une équipe pour vous aider), et répondez aux commentaires des fans et à leurs questions. Personnalisez ces réponses et appelez vos fans par leur prénom pour créer une impression informelle.
- **Surprenez vos fans.** De temps en temps, créez l'événement sur votre page de fans en introduisant des initiatives comme « Page de fans du vendredi » ou « Jour de partage de blog » et invitez tous vos fans à partager leurs liens sur votre mur. Tout post sur le mur crée de la visibilité pour votre page à travers Facebook !
- **Faites des cadeaux spéciaux.** En utilisant cette application sur votre page de fans, vous pouvez ajouter du contenu personnalisé sous forme d'onglet ou comme item dans la colonne de gauche, y compris un *opt-in*[98]. Offrez à vos fans quelque chose de valeur à télécharger gratuitement, avec pour conséquence l'extension de votre liste

---

97 NDT : Pour une définition des tags (aussi appelés marqueurs), http://fr.wikipedia.org/wiki/Tag_(métadonnée).

98 NDT : Aussi appelée option d'adhésion. Pour plus de détails : http://fr.wikipedia.org/wiki/Opt_in.

d'abonnés. Du coup, vous pourrez continuer à construire la relation avec vos fans via l'e-mail.

- **Chattez en direct avec vos fans.** Vos fans aimeront interagir en direct avec vous de temps en temps. Utilisez les applications Vpype ou Ustream pour transférer un flux vidéo en temps réel, interagir et chatter avec vos fans. Essayez également l'application Clobby (Chat Lobby) pour chatter en temps réel. Ils vous adoreront pour cet enchantement en direct et vous vous démarquerez des autres.
- **Impliquez vos fans dans la création de produits et de contenu.** Impliquez vos fans quand vous créez de nouveaux produits et cherchez des idées d'articles pour votre blog. C'est ce qu'on appelle le *crowdsourcing*. Vous pouvez aussi organiser des concours. Wildfireapp.com est une bonne application pour cela.

Facebook, avec son nombre de membres supérieur à la population de la plupart des pays, est un mécanisme puissant pour créer l'enchantement. Malgré sa taille, cependant, Facebook requiert des techniques personnalisées et informelles pour enchanter, par opposition aux techniques de marketing de masse. Entre les mains d'un grand enchanteur, il devient une arme de construction massive.

LinkedIn

Je simplifie, mais je pourrais soutenir que Facebook, c'est pour le show et que LinkedIn, c'est pour l'argent. La raison en est que la plupart des gens utilisent Facebook dans un but de sociabilisation (même si Mari Smith est capable de changer cela toute seule), et LinkedIn pour établir des relations professionnelles ou trouver du travail. On peut utiliser les deux services pour optimiser ses initiatives d'enchantement.

PRÉSENTEZ UN SUPER PROFIL

Le point de départ pour faire de LinkedIn un outil enchanteur est de compléter son profil. Si vous n'entrez que des données rudimentaires, comme le nom de votre employeur actuel ou vos antécédents scolaires, vous ne tirez pas parti de tout le potentiel de LinkedIn. En précisant tous les points clefs (éducation, expérience professionnelle, affiliations et activités) sur votre profil, vous augmentez votre visibilité, car LinkedIn s'en sert pour créer des connexions. (Lorsque j'étais en train d'écrire ce livre, j'ai revu mon profil LinkedIn et vu qu'il n'était pas à jour ! C'est une autre leçon : actualisez votre profil pour multiplier les connexions à l'infini !)

SOYEZ VISIBLE

Il y a deux manières supplémentaires de permettre aux gens de vous trouver et de se connecter à vous. D'abord, participez aux activités de LinkedIn Answers. C'est la section de LinkedIn où vous pouvez poser des questions ou y répondre. LinkedIn structure ces questions par thèmes, comme management, ventes et marketing, technologie et international. Donnez de bonnes réponses, posez de bonnes questions et vous aurez l'air d'une star.

Ensuite, l'annuaire des groupes LinkedIn comporte des centaines de groupes d'intérêt. Par exemple, il y a plus de trois cents groupes sur la planification d'événements. Quand vous êtes dans un groupe, participez aux discussions pour augmenter votre visibilité et faire partie du flux d'informations.

CHERCHEZ LE CONTACT

Jusqu'à maintenant, je me suis concentré sur l'optimisation de LinkedIn pour ses fonctionnalités de *pull* – c'est-à-dire la mise en place de votre visibilité et la possibilité pour les gens de vous trouver. L'autre aspect de la valeur de LinkedIn est de vous permettre de joindre les autres, connaître leurs centres d'intérêt, vérifier leur réputation et avoir le dernier scoop sur les entreprises. Voici ce que je veux dire :

- **Cherchez par le nom.** La recherche la plus simple consiste à taper le nom de la personne. Si elle est sur LinkedIn, vous trouverez son profil ainsi que les gens qui lui sont affiliés. Il se peut que vous en connaissiez déjà certains et LinkedIn vous montrera ceux que vous connaissez en commun. Ils sont susceptibles de vous aider à vous mettre en relation avec la personne que vous cherchez à contacter.

- **Cherchez par la société.** Quand vous souhaitez entrer en relation avec une société, mais ne connaissez personne qui y travaille, vous pouvez rechercher le nom de la société et voir la liste de ses employés. LinkedIn vous montrera les relations que vous avez en commun avec cette organisation.
- **Trouvez des intérêts communs.** Une fois que vous avez trouvé les gens, vous découvrez quels sont leurs centres d'intérêts et leurs antécédents – s'ils les ont mentionnés. Le fait de savoir que vous avez fréquenté la même école, travaillé dans la même société, que vous pratiquez les mêmes sports ou connaissez les mêmes personnes est une façon puissante d'entrer en relation avec quelqu'un lors du premier e-mail ou de la première rencontre.
- **Vérifiez la réputation des gens.** Les candidats intelligents qui postulent à un emploi fournissent les références de personnes dont ils savent qu'ils diront des choses positives, mais obtenez aussi des références indépendantes. Vous pouvez trouver des relations qui ont travaillé dans la société à la même époque que le candidat et leur demander des renseignements. Vous pouvez aussi utiliser LinkedIn quand vous envisagez un nouveau poste ou pour trouver qui travaillait sous les ordres de votre prochain patron pour savoir comment il se comporte.
- **Scannez les sociétés.** LinkedIn peut vous fournir des tendances sur les entreprises. Par exemple, il se peut que vous découvriez que la plupart des gens qui y occupent des postes élevés ont des MBA de Harvard ou sortent d'une Ivy League[99]. LinkedIn peut aussi révéler que les employés quittent une société pour aller chez un concurrent – qui est peut-être la société que vous devriez considérer. Mais ne réduisez pas votre usage de LinkedIn à des prises de contact pour faire une vente ou trouver un emploi. Servez-vous en aussi pour surveiller vos concurrents, partenaires et fournisseurs. On n'en sait jamais assez.
- **Servez-vous-en dans votre nouvel emploi.** Voici une astuce qui va vous aider à enchanter les gens quand vous démarrez dans un nou-

99 NDT : L'Ivy League est un groupe de huit universités privées du nord-est des États-Unis : http://fr.wikipedia.org/wiki/Ivy_League.

veau poste : servez-vous de LinkedIn pour en savoir plus sur vos collègues. Cela vous permettra de construire des liens avec eux plus rapidement.

La conclusion, c'est que LinkedIn est un outil d'enchantement formidable parce qu'il vous permet de trouver les gens, les contacter, trouver des passions communes et vérifier leur réputation.

YouTube

Greg Jarboe est le président et cofondateur de SEO-PR ainsi que l'auteur de *YouTube and Video Marketing: An Hour a Day*[100]. Bref, c'est le Mari Smith de YouTube (ou Mari Smith est le Greg Jarboe de Facebook). N'étant pas un expert de YouTube, je lui ai demandé de m'expliquer comment s'en servir pour enchanter.

FOURNISSEZ DE LA VALEUR INTRINSÈQUE

La première chose que Jarboe m'a apprise est que le contenu d'une vidéo susceptible d'enchanter doit avoir une valeur intrinsèque pour les spectateurs. Cette valeur se présente sous quatre formes :

- **Inspiration.** YouTube a mis le projecteur sur des milliers d'histoires de courage et de bravoure exaltantes. Exemple : « Jake Olson : Un vraie source d'inspiration. »
- **Divertissement.** Il y a des vidéos tout simplement très marrantes. Exemples : « Re : @guykawasaki | Old Spice » et « United Breaks Guitars ».
- **Information.** Il y a des documentaires comparables à ceux de PBS ou du Discovery Channel. Exemple : « Worse Than War | Full-length documentary |. »
- **Éducation.** Les vidéos éducatives montrent comment faire des cho-

100 NDT : Greg Jarboe, *YouTube and Video Marketing: An Hour a Day* [YouTube et le marketing vidéo : une heure par jour], Sybex, 2011.

ses ou utiliser des produits. Exemple : « How to Fold a T-shirt in two seconds[101]. »

Le rêve des sociétés est souvent de créer une « vidéo virale ». Vous savez, ce que des millions de gens regardent tous les jours, comme les vidéos d'Old Spice. C'est le genre de chose que toute société aurait voulu créer ou que son agence coûteuse crée pour elle.

N'en faites pas un objectif. C'est un coup de chance qui rend une vidéo virale, et « avoir de la chance » n'est pas une bonne stratégie. Le but est de produire régulièrement des vidéos qui inspirent, divertissent, informent ou éduquent, et, au fil du temps, enchantent.

FAITES COURT

La seconde chose que Jarboe m'a apprise est que les vidéos les plus populaires sont courtes. En dépit de son slogan « Diffusez vous-même », YouTube n'est pas un moyen de diffusion. C'est plutôt la communauté de vidéos en ligne la plus fréquentée.

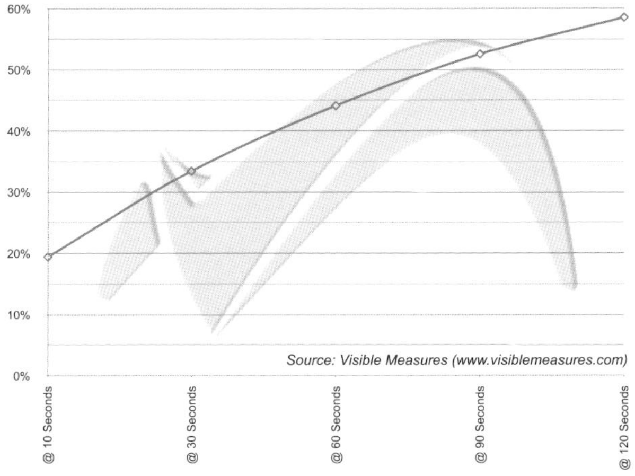

Pendant combien de temps regarde-t-on une vidéo.

101 NDT : « Comment plier un T-shirt en deux secondes. »

En septembre 2010, mes amis de Visible Measures ont analysé plus de quarante millions de clips de cinq minutes ou moins, représentant sept milliards de vues. Ils ont trouvé que 19,4 % des spectateurs abandonnent au cours des dix premières secondes. Au bout de soixante secondes, 44 % ont arrêté[102]. Les conclusions de Visible Measures montrent pourquoi les vidéos enchanteresses sur YouTube sont généralement courtes. Il n'est pas surprenant que les vidéos les plus regardées comme « Charlie Bit My Finger–Again ! » et « Evian Roller Babies » ne durent approximativement qu'une minute.

L'autre leçon est que vos vidéos doivent démarrer rapidement, car les gens prennent la décision de continuer à regarder (ou cesser de le faire) au cours des dix premières secondes. Si vous ne les avez pas déjà enchantés, vous ne le ferez jamais. Donc ne créez pas des vidéos qui commencent lentement et deviennent intéressantes au bout d'une minute, parce que beaucoup de gens auront déjà décroché.

Vous pouvez connaître les comportements de vos spectateurs en allant sur l'onglet Insight[103]. Les rapports vous donneront le nombre de fois où vos vidéos ont été regardées et le profil démographique de vos spectateurs. Les documentaires sont l'exception à cette règle, mais les données sont claires : assurez-vous que vos vidéos sont courtes, sympathiques et démarrent fort.

---

102 Matt Cutler, « Benchmarking Viewer Abandonment in Online Video » [Test de performance sur l'abandon des spectateurs de vidéos en ligne], blog de Visible Measures, 29 septembre 2010, http://corp.visiblemeasures.com/news-and-events/blog/bid/14410/Benchmarking-Viewer-Abandonment-in-Online-Video.

103 NDT : Outil d'analyse statistique gratuit accessible à tous les utilisateurs disposant d'un compte YouTube, http://youtubefrblog.blogspot.com/2009/03/insight-qui-regarde-vos-videos.html.

ENTRETENEZ LA DÉCOUVERTE, LE PARTAGE ET L'IDENTITÉ

Il vous faut ensuite accomplir trois tâches pour utiliser YouTube comme moyen d'enchanter. Premièrement, aidez les gens à découvrir votre vidéo. Saviez-vous que le nombre de recherches sur YouTube vient tout suite après celui sur Google ? Voici trois façons de faire en sorte que cela marche bien pour vous :

- **Mots-clefs.** Les bons mots-clefs peuvent contribuer à placer le contenu de votre vidéo sous les yeux des utilisateurs intéressés. Pour choisir ces mots-clefs, servez-vous des suggestions offertes par YouTube, étudiez les mots-clefs utilisés par d'autres pour un contenu similaire et faites comme eux. De plus, utilisez l'outil de suggestion de YouTube. Enfin, vous pouvez vous servir de l'onglet « Découverte » dans le YouTube Insight pour accéder aux mots-clefs qui ont permis aux gens de trouver votre vidéo.
- **Titre, description et tags.** Lorsque vous avez une idée de vos nouveaux mots-clefs, assurez-vous que vous les mentionnez dans le titre, la description et les tags de votre vidéo. Cela aidera les gens à la découvrir dans les résultats de leur recherche et dans la section « Autres vidéos ». Si vous voulez ajouter le nom de votre marque dans le titre, faites-le toujours à la fin. Assurez-vous que votre description et les tags sont aussi détaillés que possible.
- **Vignettes.** Une fois que YouTube a traité votre vidéo, il génère trois vignettes de prévisualisation. Vous pouvez sélectionner l'une d'elles. Comme le dit le chevalier du Graal à Indiana Jones : « Vous devez choisir, mais choisir judicieusement. » Regardez quelle est la vignette la plus enchanteresse. Méfiez-vous des vignettes sexuelles ou violentes qui provoqueront des restrictions d'accès à votre vidéo par YouTube.

Deuxièmement, encouragez les gens à partager vos vidéos le plus possible. YouTube fournit pour cela trois méthodes puissantes : l'insertion de vidéos sur des sites ou des blogs, le partage de liens vers ces vidéos via des services comme Facebook et Twitter, et l'envoi de liens par e-mail.

Troisièmement, fidélisez votre public et construisez votre crédibilité pour qu'un plus grand nombre de gens regardent vos vidéos sur YouTube. Vous pouvez y parvenir en laissant des commentaires perspicaces, utiles ou divertissants sous les vidéos des autres ou en rejoignant des groupes YouTube. En augmentant votre visibilité, vous attirerez plus de monde vers vos vidéos.

Enfin, vous pouvez utiliser Google Moderator sur le YouTube channel. Moderator est une plateforme sociale qui permet de solliciter des suggestions ou de poser des questions sur n'importe quel sujet, et votre communauté peut voter pour les meilleures en temps réel. Nick Kristof du *New York Times* utilise Moderator pour rassembler des questions sur ses voyages autour du monde.

Pensez japonais

Le livre de Garr Reynolds, *Presentation Zen: Simple Ideas on Presentation Design and Delivery*[104], offre une liste de dix principes esthétiques japonais. Je vous les communique, car je pense qu'ils peuvent accroître l'efficacité de votre utilisation de la technologie. Et puis, quand vous mentionnez quelques expressions étrangères, les gens vous trouvent intelligent et plus enchanteur – et c'est une raison d'être[105] suffisante pour qu'elles fassent partie de votre vocabulaire.

- ***Kanso.*** Éliminer le fatras et s'exprimer sobrement et simplement. Application : réduisez les foutaises dans votre présentation, sur votre site web et votre blog, dans vos e-mails, vos tweets et vos messages Facebook et LinkedIn.
- ***Fukinsei.*** Employer l'asymétrie et l'irrégularité pour créer l'équilibre. Application : utilisez des photos asymétriques sur votre site et dans

104 Garr Reynolds, *Presentation Zen: Simple Ideas on Presentation Design and Delivery* [Design zen des présentations : principes et techniques simples pour améliorer vos présentations], New Riders Publishing, 2007.

105 NDT : En français dans le texte.

vos présentations. Documentez-vous sur la « règle des tiers[106] » pour comprendre le pouvoir de l'asymétrie en photographie.

- ***Shibui.*** Minimiser et ne pas entrer dans les détails. Application : limitez le style vendeur agressif dans toutes les formes de communication.
- ***Shizen.*** Dépeindre le naturel sans prétention ni artifice. Application : simplifiez l'interface utilisateur de vos domaines sur le Web et enlevez la vidéo flashy d'introduction.
- ***Yugen.*** Suggérer de façon subtile et symbolique au lieu d'enfoncer le clou. Application : créez une présentation qui touche l'âme des gens au lieu d'essayer de les soumettre et, plus probablement, de les ennuyer.
- ***Datsuzoku.*** Transcender les habitudes, les formules toutes faites et conventionnelles. Application : débarrassez votre histoire du texte et des puces ; choisissez des images parlantes et des schémas sympathiques. Ou bien, n'utilisez pas du tout PowerPoint ni Keynote.
- ***Seijaku.*** Parvenir à un état de tranquillité et de calme plein d'énergie. Application : éliminez les éléments discordants et importuns de votre blog et de votre site web.
- ***Wa.*** Incarner l'harmonie et l'équilibre et éviter l'affirmation de soi. Application : harmonisez les attentes de vos clients, de vos employés et de vos actionnaires pour que tout le monde y gagne.
- ***Ma.*** Faire le vide ou le silence pour montrer le point de fuite. Application : éliminez le clinquant de vos slides et augmentez les espaces blancs sur vos présentations, votre site web et votre blog.
- ***Yohaku-no-bi.*** Apprécier la beauté de l'implicite et du non-dit. Application : n'en rajoutez pas une fois que vous avez enchanté.

Et n'oubliez pas ma contribution aux concepts japonais : *Bull shiitake.* Propager avec impudence des mensonges, des inexactitudes et des conclusions non fondées[107].

106 NDT : Pour plus d'information : http://fr.wikipedia.org/wiki/Composition_photographique#R.C3.A8gle_des_tiers.

107 NDT : Voir le chapitre 2 de cet ouvrage : « Atténuez les insultes. »

Mon histoire personnelle, par Meryl K. Evans

Meryl K. Evans est un écrivain *free-lance* de Plano, au Texas. Dans cette histoire personnelle, elle explique comment la télévision (technologie *push* !) avec des sous-titres pour malentendants lui a ouvert tout un monde de divertissement enchanteur.

MES PARENTS N'ONT JAMAIS EU À S'INQUIÉTER DU FAIT QUE JE REGARDAIS TROP LA TÉLÉVISION quand j'étais enfant car j'étais sourde de naissance et incapable de lire le mouvement des lèvres à la télé. J'aimais les dessins animés et *Sesame Street,* mais je faisais beaucoup de sport et passais mon temps à l'extérieur.

En 1983, j'ai reçu une boîte qui était plus grande que deux enregistreurs vidéo numériques superposés. C'était mon premier décodeur pour malentendants. Il n'y avait pas plus de dix émissions, et encore, avec des sous-titres. C'était tout un travail de trouver un programme avec des mots sur l'écran m'informant de qui disait quoi. Et j'ai rencontré Bond. Je saisissais tous les bons mots et le plan machiavélique du méchant. Je n'avais plus à demander à ma famille : « Qu'est-ce qu'elle a dit ? Que s'est-il passé ? »

Puis j'ai rencontré les Carrington. Pour la première fois, je voyais une émission hebdomadaire, faisais l'expérience de la torture d'attendre une semaine pour savoir ce qui allait ensuite se passer dans *Dynastie.* L'une de mes meilleures amies était aussi une fan de la série. Nous étions ensemble au cours d'anglais de 4e et nous en parlions. Wouaou – ma première conversation sur une émission de télé.

Mes parents m'ont aussi initiée à la comédie musicale. Une année, en juin, j'ai découvert une chose que je n'aurais jamais crue possible : les Tony Awards. Avec des sous-titres. Je pouvais enfin suivre les paroles des chansons que j'avais vues au théâtre local. Grâce aux sous-titres des Tony Awards et à des programmes spéciaux comme *The Night of 100 Stars*, j'ai appris beaucoup de chansons par cœur parce que je pouvais les suivre sur un lecteur audio.

Chapitre 10

Comment enchanter vos employés

Pour le travail que nous aimons, nous nous levons avec enthousiasme, et nous y rendons avec joie.

William Shakespeare

Voici un autre mot japonais : *bakatare*. Il signifie « stupide » ou « ridicule » : c'est la description parfaite de ceux qui pensent que des employés désenchantés peuvent enchanter les clients. Ce chapitre explique comment enchanter les gens qui travaillent pour vous afin qu'ils enchantent les autres à leur tour.

Donnez un but

Aussi paradoxal que cela puisse paraître, l'argent n'est pas toujours la seule raison ou même la raison première pour laquelle on aime un emploi. Motiver les employés n'est pas simplement mettre de l'argent dans la machine et attendre le résultat comme s'ils étaient des distributeurs automatiques. Leur donner l'occasion d'atteindre maîtrise, autonomie et de participer à une mission importe plus que l'argent.

- **Maîtrise.** Les gens veulent élargir leurs talents et leur compétence – c'est vrai, peut-être pour gagner plus, mais aussi pour s'améliorer dans un domaine qui les intéresse. Qui a envie d'être nul dans son job huit heures par jour ?
- **Autonomie.** L'autonomie signifie que la direction n'est pas constamment en train de dire quoi ou comment faire. Une organisation qui offre les moyens d'être autonome dans son travail, fait aussi passer le message que le management croit à la compétence de ses employés et a confiance en eux. Fixez des objectifs et écartez-vous.
- **Mission.** C'est le facteur le plus important. C'est le sens de ce que fait l'organisation – en d'autres termes, la manière dont l'organisation améliore le monde.
  La mission de FedEx est de garantir la tranquillité d'esprit des gens qui veulent à tout prix faire parvenir quelque chose quelque part. La mission de Target est de démocratiser le design. La mission d'eBay est de démocratiser le commerce. L'accomplissement d'une mission importante est un élément clef dans la satisfaction d'un employé.

Donner du sens, de l'autonomie et une mission ne signifie cependant pas qu'il faille sous-payer les gens. Sinon, on leur envoie le message : « Vous n'avez pas beaucoup de valeur pour nous. » Donc, donnez aussi à vos employés un salaire honnête et vous les enchanterez.

Donnez-leur le moyen de faire ce qu'il faut

Règle nº 1 – Le client a toujours raison.
Règle nº 2 – Dans le doute, reportez-vous à la Règle nº 1.
Règlement à Hyman's Seafood à Charleston en Caroline du Sud

Vos meilleurs employés veulent servir et enchanter vos clients. Cette attitude se manifeste dans leur manière de travailler – que leur tâche soit de créer quelque chose, de fabriquer, d'expédier, de vendre, de faire du support technique ou des corrections.

Ils ne s'en fichent pas. Pas du tout. L'argent n'est pas leur unique motivation. La satisfaction de prendre soin des clients et de les contenter leur importe également. Le problème est que les entreprises ne s'en aperçoivent pas. Involontairement, elles empêchent les employés de faire au mieux pour les clients avec des règlements conçus pour éviter les pertes, et non pour réaliser des gains.

Vous enchanterez facilement vos employés en leur donnant la possibilité de faire ce qu'il faut pour les clients. Cela signifie que vous avez confiance en leur capacité de prendre des décisions responsables (l'autonomie) et de mettre en œuvre la raison d'être de la société (sa mission).

En revanche, si vous ne donnez pas ce pouvoir à vos employés, vous créez le désenchantement. En conséquence, ils ne sont pas heureux et vous les mettez dans la situation de se faire maltraiter par des clients en colère.

Moralité : Donnez le droit à vos employés de faire ce qu'il faut et vous les enchanterez ; du coup, ils enchanteront vos clients.

Jugez-vous par vos résultats, et jugez les autres d'après leurs intentions

On se juge souvent soi-même sur la base de ses *intentions* alors qu'on juge les autres sur la base de leurs *résultats* : « Je voulais remplir mon quota commercial, mais vous avez manqué le vôtre. » Ce faisant, on trouve rarement ses failles, alors qu'on en trouve presque toujours chez les autres.

Si vous voulez enchanter vos employés, adoptez la perspective inverse : jugez-vous sur la base de ce que vous avez réalisé et les autres sur la base de leurs intentions. Cela signifie être plus dur avec soi-même qu'avec les autres, être compréhensif et capable de dire « au moins, il avait de bonnes intentions ».

Vous ne pouvez pas juger les gens sur leurs intentions indéfiniment si leurs résultats sont régulièrement médiocres, mais peut-être, dans ce cas, est-ce vous qui avez fait une erreur de recrutement ou dispensé une formation insuffisante. Vous devez, à tout le moins, jugez de vos résultats par rapport à ceux des autres et ne pas vous accorder le bénéfice du doute.

Au fait, ce conseil vaut également quand il s'agit de vos propres résultats et des intentions de votre épouse. Il est hautement probable qu'il y ait de très bonnes raisons aux problèmes de votre femme.

Abordez d'abord *vos* points faibles

Dans ce qu'on appelle « management », il y a beaucoup de choses qui consistent à compliquer le travail des autres. **Peter Drucker**

Pour continuer sur le sujet de l'autocritique, cherchez proactivement ce que vos employés considèrent comme vos défauts. Et commencez ensuite les évaluations annuelles de vos employés en leur demandant dans quelle mesure ils pourraient avoir affecté leur rendement.

Vos faiblesses peuvent être la cause des faiblesses de ceux qui travaillent pour vous. On dit que lorsqu'un manager vire quelqu'un, la société devrait le virer lui aussi, parce qu'on n'aurait pas dû en arriver là.

Ceux qui adoptent cette stratégie d'autocritique deviendront de meilleurs managers, parce qu'ils prennent la responsabilité des résultats médiocres. Tout aussi important, par leur exemple, ils inspirent leurs employés. Notez bien : je dis « inspirer » et non « dissuader ». Les employés enchantés sont inspirés, et non intimidés.

Pensez à ceci : dans combien d'évaluations annuelles vous êtes-vous trouvé dans la situation où votre patron aurait commencé en disant « je crois que j'aurais dû mieux m'y prendre » ? Vous serez rarement dans l'erreur en vous blâmant d'emblée.

Encaissez le coup

Parfois il est bon d'encaisser le coup et de gérer l'adversité, parce que c'est ce que font les gens bien. Et en prime, vous enchanterez les gens sous vos ordres.

Stephen J. Cannell est le créateur ou co-créateur d'un certain nombre de séries télévisées, dont *The Rockford Files*, *The A-Team*, *Wiseguy*, *21 Jump Street*, *Silk Stalkings*, et *The Commish*. Sa relation de travail avec James Garner est un résumé de l'art d'encaisser[108] :

> Il y eu des cas où je lui ai transmis un scénario qui n'était pas des meilleurs et dont il ne me donnait aucune nouvelle. Bien des acteurs avec lesquels j'ai travaillé au cours des années m'auraient appelé pour me dire : « Dites, je ne crois pas que ce soit un très bon scénario, il faut qu'on fasse ceci et cela… » Pas un mot de Jim. Rien. Il prenait le scénario. Et j'ai commencé à penser qu'il ne se rendait pas compte qu'il n'était pas très bon.
>
> Un jour, nous nous trouvions dans une fête de fin de tournage et le sujet de ces scénarios moyens arriva dans la conversation. Jim me désigna en disant : « Pas ce que vous avez fait de mieux, Steve. »
>
> Alors j'ai répliqué : « Soit, mais laissez-moi vous poser une question : pourquoi ne me dites-vous rien quand vous n'aimez pas le scénario ? »
>
> Il répondit : « Je vais vous dire exactement pourquoi : j'ai confiance en vous, j'ai confiance en Juanita [Bartlett], j'ai confiance en David [Chase], et je sais que si vous m'envoyez un scénario qui n'est pas tout à fait au niveau de ce que nous faisons

108 Stephen J. Abramson, interview of Stephen J. Cannel, Archive of American Television, 23 juin 2004, www.emmytvlegends.org/interviews/people/stephen-j-cannell.

d'habitude, c'est parce que vous ne pouvez pas faire mieux cette semaine-là en raison de tout ce que vous avez déjà sur le dos. Et si je vous descendais, et vous obligeais à réécrire, je transformerais un mauvais scénario en quatre mauvais scénarios.

C'est le moment où les acteurs doivent monter au créneau et se défoncer. Nous devons nous dépasser et faire marcher le truc. Il faut que je me motive davantage pour trouver le rythme de la comédie quand il n'y en pas sur le papier et passer la rampe pour que le public ne se rende pas compte que ce n'est pas une bonne histoire. »

Ouah. Eh bien, dites-moi. Quel pro ! Quel pro ! Et il a raison : très souvent, j'ai pensé la même chose lorsque des acteurs m'ont mis sur la sellette de cette façon – je sais que le scénario n'est pas aussi bon qu'il le faudrait, mais passons outre et essayons d'en avoir un bon la semaine prochaine. On ne peut pas faire vingt-deux épisodes excellents – c'est tout simplement impossible. Tous ceux qui font des séries télévisées vous le diront. Il y a toujours quelques épisodes qui ne sont pas aussi bons.

Il a dit aussi : « Vous ne m'avez jamais envoyé deux mauvais scénarios d'affilée. »

Compris ?

Ne demandez pas à vos employés de faire ce que vous-même ne feriez pas

S'il y a un seul principe devant guider votre style de management, c'est bien celui de ne jamais demander aux gens de faire une chose que vous n'accepteriez pas de faire. Rien n'augmentera votre crédibilité et leur loyauté plus que cela.

Remplissez ce tableau pour vous en convaincre.

Action	Le faites-vous ?	Le demandez-vous à vos employés ?
Faire le tour de la terre en classe économique		
Répondre à tous les e-mails		
Arriver tôt et partir tard		
Vider la poubelle		
Faire les photocopies		

La question n'est pas de rendre toutes les tâches marrantes – c'est irréaliste. La question n'est même pas que vous devez faire tous les boulots empoisonnants. Le point, c'est de s'identifier avec les employés, de travailler avec eux et cela, c'est enchanteur.

Fêtez le succès

Une victoire peut faire oublier une centaine d'échecs. Fêter le succès est une manière puissante d'enchanter ses employés. C'est particulièrement vrai si vous mettez en valeur les victoires de l'équipe plutôt que les victoires individuelles, et que vous en donnez le crédit à tous les employés qui sont impliqués. Selon Brenda Bence, l'auteur de *How YOU Are Like Shampoo*[109], fêter le succès a les effets positifs suivants[110] :

109 Brenda Bence, *How YOU Are Like Shampoo* [En quoi VOUS êtes comme du shampoing], Global Insight Communications, 2009.

110 Brenda Bence, *Celebrate Team's Success and Boost Business* [Fêter le succès de l'équipe et stimuler les affaires], PDF téléchargeable, http://brendabence.com/media-room/articles/The-Top-10-Reasons.pdf.

- Motiver vos employés à travailler plus.
- Rassembler l'équipe autour d'objectifs communs.
- Sortir vos employés de leur routine et les inviter à la fête.
- Communiquer les valeurs appréciées dans l'organisation.
- Créer un élan en illustrant les progrès en cours.
- Conforter le personnel dans l'idée qu'il travaille pour une société qui gagne.

Mise en garde concernant les fêtes : quand tout va bien, la tentation est de faire des fêtes d'enfer dans des hôtels ruineux, avec des animateurs célèbres. Cette pratique est du gaspillage et un mauvais signal pour les employés. Les mots d'ordre sont *amusant* et *sympathique,* et non *extravagant* et *grandiose.*

L'Industrial Extension Service de l'université d'État de Caroline du Nord (NCSU) est un bon exemple de manifestation réussie et enchanteresse. Son but était de créer un milliard de dollars en valeur économique ajoutée pour la région. Quand elle a atteint son but, elle a fêté cela par une visite en bus dans toutes les usines de l'État.

Gray Rinehart, visite en autobus.

À chaque étape de ce circuit, les employés de NCSU collectaient des échantillons de produits chez les fabricants, pour les remettre ensuite au gouverneur de l'État. C'était amusant pour eux et gratifiant pour les usines visitées sur le circuit.

Trouvez l'avocat du diable

D'abord, un peu d'histoire : de 1587 à 1983, l'Église catholique a chargé des experts pour remettre en cause la canonisation envisagée de certaines personnes. Le rôle de l'*advocatus diaboli* – l'avocat du diable – était de trouver des failles à ces candidats, et de s'assurer qu'ils étaient véritablement des saints.

Quand l'Église a mis fin à cette pratique, après l'élection du pape Jean-Paul II, il y a eu une explosion de canonisations. Sous son règne, elle a canonisé cinq cents personnes alors que l'ensemble de ses prédécesseurs au XXe siècle n'en avaient canonisé que quatre-vingt dix-huit.

Un avocat du diable chargé de contester les décisions de la société pour qu'elles soient au-dessus de tout reproche peut jouer un rôle stimulant dans votre entreprise :

- **Améliorer votre cause.** Une organisation a besoin de savoir ce qui ne va pas pour se renforcer. Une organisation plus solide produit une meilleure cause, et une cause meilleure est plus enchanteresse pour les employés (comme pour les clients).
- **Montrer que faire des vagues est acceptable.** L'existence d'un avocat du diable montre que le management est ouvert aux idées et perspectives anticonformistes et encourage la pensée critique chez ses employés.
- **Entretenir la communication interne.** L'avocat du diable peut servir de point de contact aux employés désenchantés qui veulent discuter de leurs problèmes ou de leurs doléances. Son existence montre aussi que les employés ont le droit de discuter d'idées qui sont souvent taboues dans d'autres structures.

Toute pratique qui fortifie votre cause et votre entreprise améliore la vie de vos employés et les enchante également.

Écouter frère Bob

Robert Sutton est professeur à l'université de Stanford et l'auteur de *Petit Chef ou vrai patron ? Comment les sales cons peuvent vous aider à devenir un bon chef*[111]. Il a établi une liste des douze convictions que doit avoir un bon chef. Voyez-y le manifeste du vrai patron.

1. J'ai une compréhension incomplète et incorrecte de ce qu'on peut éprouver quand on travaille sous mes ordres.
2. Mon succès – et celui de mes employés – dépend largement de la maîtrise de choses évidentes et triviales, non d'idées ou de méthodes révolutionnaires, magiques ou absconses.
3. Il est important d'avoir des objectifs ambitieux et bien définis, mais il est inutile d'y penser tout le temps. Mon travail est de me concentrer sur les petites victoires qui permettent à mes employés de faire un peu plus de progrès quotidiennement.
4. L'un des aspects le plus important et le plus difficile de mon travail est d'observer un équilibre subtil entre m'affirmer trop ou pas assez.
5. Mon travail est de servir de bouclier humain, de protéger mes employés des intrusions extérieures, des distractions et des idioties – et de leur éviter ma propre bêtise.
6. J'essaie d'avoir assez de confiance en moi pour convaincre les gens que j'assume mes responsabilités, mais d'être assez humble pour savoir que j'aurai souvent tort.
7. Mon but est de me battre comme si j'avais raison et d'écouter comme si j'avais tort – et d'apprendre à mes employés à faire la même chose.
8. L'une des meilleures mises à l'épreuve de mon leadership

111 Robert Sutton, *Petit Chef ou vrai patron ? Comment les sales cons peuvent vous aider à devenir un bon chef*, Vuibert, 2010.

– et celui de ma structure – est celle-ci : « Que se passe-t-il quand les gens ont fait une erreur ? »

9. L'innovation est essentielle à toute équipe et toute société. Donc mon job est d'encourager les gens à générer et essayer toutes sortes d'idées nouvelles. Mais c'est aussi mon job de les aider à tuer toutes les mauvaises idées, mais aussi la plupart des bonnes idées.
10. Ce qui est mauvais est plus fort que ce qui est bon. Il est plus important d'éliminer le négatif que de mettre l'accent sur le positif.
11. La manière dont je m'y prends est aussi importante que ce que je fais.
12. Comme j'exerce le pouvoir, je prends le risque de me comporter comme un idiot insensible – et de ne pas m'en rendre compte[112].

C'est une super check-list pour quiconque veut évaluer ses qualités et ses capacités (enchanteresses) de patron. Combien de ces douze caractéristiques incarnez-vous ?

Dites-leur que c'est eux que vous voulez

Selon Michael Lopp, l'auteur de *Managing Humans: Biting and Humorous Tales of a Software Engineering Manager*[113], les trois mots les plus importants à formuler pendant le processus de recrutement sont : « Nous vous voulons »[114]. Il considère qu'une fois que

112 Robert Sutton, « 12 Things Good Bosses Believe » [Les 12 *credo* des vrais patrons], La conversation (blog) *Harvard Business Review,* 28 mai 2010, http://blogs.hbr.org/cs/2010/05/12_things_that_good_bosses_bel.html.

113 Michael Lopp, *Managing Humans: Biting and Humorous Tales of a Software Engineering Manager*, Paperback, 2007.

114 Michael Lopp, « Wanted » [Recherché], randsinrepose (blog), 4 janvier 2010, www.randsinrepose.com/archives/2010/01/04/wanted.html.

vous avez décidé d'engager un candidat, il vous faut déployer tout votre charme, lui communiquer que vous le voulez, suggérer aux autres employés de l'inviter pour prendre un verre et lui demander son avis avant qu'il ne commence.

J'appliquerais ces recommandations de Lopp au-delà de la phase de recrutement, qu'un employé travaille dans l'entreprise depuis vingt heures ou vingt ans. Quand il y a beaucoup de chômage, vous pourriez penser qu'il est inutile pour les sociétés de courtiser leurs employés. C'est faux, pourtant, parce que les gens super sont toujours difficiles à trouver.

À la fin de la journée, l'un des employés les plus précieux de votre entreprise rentre à la maison. Va-t-il revenir le lendemain ? Un patron enchanteur s'assure que ses employés savent qu'ils sont valorisés et appréciés. Souvenez-vous de ces mots : « Nous vous voulons. »

Comment enchanter les bénévoles

Les bénévoles aident des associations partout dans le monde ; ils sont essentiels à l'intérêt et au succès des causes éducatives, écologiques, sociales, religieuses et toutes sortes d'autres causes philanthropiques. Même si les techniques déjà discutées dans ce chapitre valent pour les bénévoles, il y a certaines règles spécifiques à respecter pour les enchanter :

- **Fixez des objectifs ambitieux.** Les bénévoles veulent savoir que ce qu'ils font est important et que leur présence fait la différence. Votre devoir est d'établir des objectifs difficiles et de ne pas leur faire perdre leur temps. S'il y a quelque chose de pire que de sur-utiliser les bénévoles, c'est de les sous-utiliser.
- **Gérez-les bien.** Quand les gens y croient, ils veulent aider et il est de votre responsabilité de leur donner le pouvoir d'aider autant qu'ils le peuvent. Cela suppose que vous planifiiez et organisiez leurs activités. Même si vous ne les payez pas, leur temps a de la valeur.

- **Donnez-leur les moyens de satisfaire leurs désirs.** Pourquoi rejoint-on un organisme caritatif ? Il y a trois raisons principales : **le sens du devoir** (« je devrais aider l'école de mes enfants »), **l'envie d'appartenir à un groupe** (« j'aime faire des choses avec les autres »), et **le désir d'un savoir-faire** (« acquérir de nouvelles compétences importe plus que l'argent »). Comblez ces besoins et vous êtes sur la bonne voie pour enchanter les bénévoles.
- **Assurez-vous que le personnel rémunéré les apprécie.** Vous et vos employés devez croire à la valeur des bénévoles – si vous n'en êtes pas convaincu, peut-être ne devriez-vous pas les recruter. Les bénévoles se donnent souvent corps et âme à l'organisation ; il est donc important que le personnel rémunéré le réalise.
- **Donnez du feed-back.** Les gens veulent savoir s'ils agissent bien. Pour les bénévoles, c'est doublement important puisqu'ils n'ont pas de rémunération comme mécanisme de feed-back. Après avoir mis en place des objectifs ambitieux, donnez du feed-back, et ils vous adoreront de les aider à savoir comment ils progressent.
- **Reconnaissez le talent.** La reconnaissance de ce que font les bénévoles s'exprime sous des formes simples : cartes de visite, une adresse e-mail, un espace de travail (même s'il est partagé), présence à des conférences et l'expression publique et privée de gratitude. Vous voyez quelque chose de coûteux sur cette liste ? Parfait, parce qu'il n'y en a pas.
- **Invitez-les.** Au moins une fois par an, invitez les bénévoles au siège social. Cela permet aux gens de se rencontrer en tête à tête et pas seulement virtuellement. Souvenez-vous de la valeur de la proximité pour se faire aimer ? Le même concept s'applique dans le cas des bénévoles.
- **Donnez des trucs gratuits.** « Trucs », cela signifie nourriture et boissons pendant les sessions de travail ainsi que des T-shirts et autres babioles. Malheureusement, c'est le genre de petits cadeaux qu'une organisation supprime en premier quand les temps sont durs alors que c'est l'une des formes de compensation les plus économiques qui soit.

Maintenant que j'y pense, cette liste de conseils pour enchanter les bénévoles vaut aussi pour les employés. Donc maintenant que vous savez comment enchanter vos employés, allez de l'avant et prospérez.

Mon histoire personnelle, par Milene Laube Dutra

Milene Laube Dutra est consultante en marketing et communication à São Paulo au Brésil. Dans cette histoire personnelle, elle explique comment la société de dentifrice dans laquelle elle travaillait l'a enchantée grâce à une machine. (Je n'invente pas.)

JE NE VAIS PAS PARLER DE MES ENFANTS PUISQUE C'EST UN MOMENT TRÈS SPÉCIAL dans la vie de tout le monde. Au lieu de cela, je vais parler de ma première journée en tant que stagiaire dans une société de soins bucco-dentaires, Anakol do Brasil, rachetée plus tard par Colgate-Palmolive.

Comment peut-on être enchanté par une entreprise de dentifrice ? J'avais vingt ans, j'étais encore étudiante en marketing à l'ESPM (Escola Superior de Propaganda e Marketing) et je venais de trouver mon premier job de rêve, comme stagiaire en marketing.

C'était le jour de visite de l'usine et nous allions voir le site de production ! Je n'étais absolument jamais allée dans une usine et je n'avais jamais vu la fabrication de produits. Je les voyais sur des rayons et c'était tout ! Mon cœur a commencé à battre quand j'ai vu la gigantesque machine à produire du dentifrice. Elle était aussi haute qu'un arbre et aussi large qu'un camion. Je me suis sentie comme le petit David devant Goliath.

Sur un côté de la machine, de petites pièces en aluminium tombaient dans un grand entonnoir. Du bruit, de la fumée et de la chaleur, et les pièces commencèrent à circuler dans la machine. Elles s'arrêtèrent et il y eut un bruit de perforateur. Les pièces s'étaient magiquement transformées en tubes ! Puis les tubes sont passés dans le processus d'impression et ont pris vie avec le logo du produit. À la fin du processus, des tubes de dentifrice imprimés avec leur bouchon étaient collectés dans des boîtes en carton et transportés jusqu'à l'étape suivante qui consistait à les remplir.

J'ai commencé à réfléchir à tout ce qui était produit et aux différentes usines que des ingénieurs intelligents avaient construites. Ce jour-là, je suis devenue chef de produits, et depuis, ma passion pour l'innovation et les nouveaux produits – particulièrement des biens de consommation fabriqués dans des usines – a continué, puisque j'ai développé beaucoup de nouveaux produits dans différentes industries et visité plusieurs usines au Brésil et à l'étranger.

Chapitre 11

Comment enchanter votre chef

En travaillant scrupuleusement huit heures par jour,
il se peut que vous deveniez un patron et travailliez douze heures par jour.

Robert Frost

Que vous aimiez ou non votre chef, c'est lui qui contrôle ce que vous procure votre emploi. Je ne parle pas seulement de salaire, mais aussi de satisfaction, de promotion, de visibilité et des avantages qui s'y rattachent. Ce chapitre vous explique comment enchanter votre chef. Je commence par une recommandation surprenante sur ce que doit être votre priorité, donc préparez-vous.

Faites-le briller

Oui, c'est étonnant, mais le moyen le plus sûr d'enchanter son chef, c'est de le faire briller. Oui, c'est bien cela. Évidemment, changer le monde, ravir les clients, accroître la valeur des actions, tout cela fait partie du paysage global, mais faire briller votre chef est votre boulot quotidien.

Vous devez le faire dans les limites de l'éthique et de la moralité, mais la réalité est que lorsque vous le faites briller, vous aussi vous brillez. Quand il monte en grade, vous aussi montez en grade. Et quand il se casse la figure, vous chutez avec lui.

Oubliez vos fantasmes de l'éclipser, de le remplacer ou de passer au-dessus de lui. Je n'ai jamais vu de situation où un chef aurait dit : « Nous devons promouvoir cette personne au-dessus de son manager. »

Il faut à la plupart un grand nombre d'années pour acquérir la sagesse de faire briller leur chef – et ils le comprennent souvent à leurs dépens. Si vous pouvez intérioriser et mettre en œuvre ce concept, vous avez parcouru 90 % du processus d'enchantement de votre patron.

Laissez tout tomber et faites ce que votre chef demande

Les priorités sont fonction du contexte. **Stephen Covey**

Supposons que votre chef vous demande de faire une étude sur la concurrence. Vous savez qu'il pourrait le faire lui-même et pensez que de toute façon, il ne va pas l'utiliser. En attendant, vous avez du travail par-dessus la tête parce que vous êtes en train d'écrire un manuel indispensable à la commercialisation du produit.

Qu'allez-vous faire ? (a) finir le manuel ou (b) laisser tout tomber pour faire ce qu'il vous a demandé ?

Il se peut que vous vous flattiez d'établir des priorités sur la base d'une vision d'ensemble. Vous pouvez croire que le manuel est plus important que cette étude. Vous pouvez croire que vous seriez négligent de ne pas d'abord finir le manuel. Laissez-moi vous casser le morceau gentiment : laissez tout tomber pour faire ce que votre chef vous a demandé si vous voulez l'enchanter.

Peu importe que ce ne soit pas une gestion optimale de votre temps. La seule chose à savoir, c'est que votre chef vous a demandé cette étude, donc ce que vous pouvez considérer comme un usage médiocre de votre temps est important pour lui (surtout s'il a lu ce livre et est lui-même en train d'essayer d'enchanter son supérieur). Peu importe la raison – et même s'il n'y a pas de bonne raison –, faites d'abord ce qu'il vous a demandé. L'objectif est de le convaincre que vous êtes consciencieux, rationnel et efficace – et non que vous savez établir des priorités.

Au fait, c'est aussi une bonne stratégie pour les maris. Si votre épouse vous demande une chose, laissez tout tomber et faites-la. Vous pouvez croire que ce n'est pas important, mais ce n'est pas vous qui jonglez avec les enfants, une carrière et plusieurs causes caritatives. Vous croyez peut-être avoir la « vue d'ensemble », mais vous n'avez pas *sa* vision à elle. Ce conseil, à lui seul, justifie l'achat de *L'Art de l'enchantement*.

Promettez moins, donnez plus

Si je prends pour hypothèse que vous n'avez pas abandonné la lecture de ce livre et que ma recommandation de tout laisser tomber pour votre chef ne vous a pas donné un haut-le-cœur, la prochaine étape est de promettre moins, mais de donner plus. Pour comprendre cette idée, vous pouvez voir votre patron sous deux angles : d'abord comme votre compte de référence le plus important. Vous n'avez pas envie de décevoir un client si essentiel.

Ensuite, comme un visiteur à Disneyland. Saviez-vous que les pancartes vous indiquant le temps qu'il vous reste à faire la queue pour une attraction exagèrent ? Du coup, quand vous arrivez en début de file plus rapidement qu'annoncé, vous êtes un vacancier heureux.

Au cas où vous vous demanderiez si je suis en train de vous conseiller de bluffer votre chef, la réponse est « oui ». Plus spécifiquement, toutes les fois que vous le pouvez, fixez un objectif que vous êtes certain à 120 % d'atteindre en 80 % du temps alloué.

Les gens qui promettent moins et donnent davantage sont plus enchanteurs. S'approcher du but et produire un super effort, c'est bon pour les enfants, les films sentimentaux, les fers à cheval et les grenades à main. Dans toute autre circonstance, ou bien vous livrez, ou bien vous ne livrez pas.

Faites un prototype

Dans un article de blog intitulé « 3 choses qui vous feront être vénéré par votre manager », Scot Herrick explique le pouvoir enchanteur des prototypes[115]. Quand votre chef vous donne une mission, vous devriez en réaliser rapidement une partie et lui demander son feed-back.

Cela lui donne l'opportunité de faire des corrections tôt dans le processus – ce qui accroît vos chances de lui livrer ce qu'il voulait. De plus, il vous verra comme quelqu'un de « proactif » et non comme un employé « qui ne pige pas bien les choses ».

Une discussion sur les options est aussi utile au début d'un projet. Votre prototype va dans une direction, mais d'autres sont aussi viables et peut-être préférables. Le fait de réaliser un prototype provoque souvent le déclic qui permet d'imaginer d'autres possibilités.

Donc, la prochaine fois que votre chef vous demandera de préparer un rapport ou une présentation PowerPoint, faites un plan en quelques heures, montrez-lui que vous êtes en train de réfléchir pour catalyser une discussion sur les options. Cela ne peut que l'enchanter et donner de meilleurs résultats.

115 Scot Herrick, « 3 Things to Make Your Manager Worship You », Cube Rules (blog), 20 août 2009, http://cuberules.com/2009/08/20/3-things-to-make-your-manager-worship-you.

Montrez et proclamez les progrès

Après le prototype, vous devez démontrer que vous avancez sur des projets qui peuvent prendre des semaines ou des mois. Il ne s'agit pas de jouer au casse-pieds qui communique sur tous les petits détails, mais en vous assurant que votre chef n'a pas à vous demander comment cela se passe, vous et votre projet resterez dans son champ de vision.

Vos progrès ne lui sont pas uniquement réservés – montrez-les à tous ceux qui doivent en être informés. « Proclamer » est un terme trop fort, mais cacher ses exploits n'est pas non plus une bonne pratique. Si vous ne chantez pas vos louanges, ne vous plaignez pas qu'il n'y ait pas de musique.

Montrez vos progrès sans susciter la jalousie de vos collègues. Voici comment le faire de façon enchanteresse :

- Communiquez les faits sans les embellir ou les exagérer – en d'autres termes, sous-diffusez et délivrez plus.
- Donnez crédit à quiconque a contribué au succès. Soyez généreux dans la louange et la distribution des lauriers.
- Si possible, laissez les autres annoncer les bonnes nouvelles pour vous – par exemple, un client appelant votre chef ou, mieux encore, le supérieur de votre chef.
- Faites que vos victoires deviennent aussi celles de votre chef. Plus vous lui donnez d'occasion de jouir de vos victoires, plus vous êtes enchanteur.

Il se peut que vous n'aimiez pas proclamer vos victoires, mais cela participe d'une bonne image de marque personnelle et c'est un moyen d'enchanter votre chef. Essayez – je suis certain que vous allez vous y habituer, mais n'en devenez pas accro car vous cesseriez alors d'être enchanteur.

Entretenez l'amitié

Les employés qui entretiennent des liens d'amitié avec plusieurs de leurs collègues sont plus enchanteurs, car ces relations les rendent plus efficaces, et fournissent la démonstration publique du fait qu'ils sont formidables. Voici comment cela fonctionne :

- **En se faisant des amis, on devient plus efficace.** Il est plus facile de travailler avec des amis. Ils sont plus susceptibles de vous aider – et vous êtes plus susceptible de leur renvoyer la balle. Les comportements amicaux demandent aussi moins d'énergie que les comportements agressifs et hostiles.
- **Les amis engendrent les amis d'amis.** C'est l'effet boule de neige : plus vous avez d'amis, plus vous vous en faites parce que les gens suivent le mouvement. Plus vous vous faites d'amis, plus vous êtes efficace et plus vous êtes efficace, plus vous enchanterez votre chef.
- **Un grand nombre d'amis vous confère une aura.** Le calcul est simple : si un ami d'ami est votre ami, plus vous avez d'amis, plus vous avez d'amis. Cette aura se reporte sur votre chef ; donc si vous êtes populaire et enchanteur, les gens vont penser que votre chef l'est aussi. En tout cas, ils lui donneront le bénéfice du doute.
- **Personne ne cherche les embrouilles avec ceux qui ont beaucoup d'amis.** Si on vous voit comme quelqu'un de bien, de populaire et d'enchanteur, vous créez votre base personnelle de pouvoir. Du coup, soyons honnête, votre chef va y regarder à deux fois avant de vous pigeonner. Il n'y a rien de mal à être enchanteur et puissant à la fois.

Il n'y a que des effets positifs à être populaire sur son lieu de travail et c'est un avantage à la fois pour vous et votre chef.

Demandez du mentoring

Au chapitre 2 (« Comment se faire aimer »), j'ai affirmé que chacun a un point fort. C'est même le cas de votre chef, qui ne peut pas ne pas posséder un savoir qui vous est utile. Lui demander du mentoring a un double avantage : vous bénéficiez de son aide et vous le flattez en le lui demandant.

Seul un sociopathe ne le serait pas, et si vous êtes sous les ordres d'un sociopathe, vous devriez faire tout ce qu'il faut pour vous en éloigner et non essayer de l'enchanter, de toute façon. Si votre chef est d'accord pour être votre mentor, écoutez ses conseils, parce que ne pas le faire pourrait se retourner contre vous. S'il ne le souhaite pas, vous récoltez tout de même les fruits de l'avoir flatté en le lui demandant.

J'ai eu deux mentors extraordinaires dans ma carrière. Le premier, Marty Gruber de Nova Stylings était mon patron dans le domaine de la fabrication de bijoux et il m'a appris la leçon la plus importante de toutes : comment vendre. L'industrie de la joaillerie est difficile car les matières premières – l'or et le diamant – sont des marchandises que n'importe quel marchand peut évaluer. Toute marge au-dessus du prix de base de l'or ou de la valeur d'un diamant relève de l'« enchantement ».

Le second, Al Eisenstat, était le directeur juridique et le parrain d'Apple quand j'y travaillais. Il m'a aidé à sortir indemne de batailles épiques entre diverses féodalités chez Apple. Il m'a appris à survivre dans un environnement très politique – dans la mesure de mes capacités à le faire, en tout cas.

Donnez la mauvaise nouvelle tout de suite

Vous pouvez donner deux sortes de nouvelles à votre chef : des bonnes et des mauvaises. Aucun problème avec les bonnes, car tout le monde les adore.

Le problème, ce sont les mauvaises – par exemple, retard du produit, une vente qui ne se fait pas, ou un gros bug dans votre logiciel. Scot Herrick, l'auteur de « 3 Things to Make Your Manager Worship You », vous conseille de donner les mauvaises nouvelles le plus rapidement possible, car les vrais chefs veulent en être informés pour pouvoir résoudre le problème.

Les mauvais ne veulent que des bonnes nouvelles, parce qu'ils préfèrent vivre dans leur bulle. Mais quand celle-ci éclate, vous tombez en même temps que votre chef. Faites votre possible pour ne pas travailler sous les ordres de gens qui ne veulent que de bonnes nouvelles.

Deux conseils supplémentaires sur les mauvaises nouvelles : d'abord, ne blâmez personne – et surtout pas votre chef – pour ce qui arrive. Il se peut même que vous vouliez en prendre la responsabilité. Ensuite, ne donnez pas que les mauvaises nouvelles. Montrez aussi que vous savez comment résoudre le problème. Vous aurez l'air d'être proactif et de maîtriser la situation – ce qui enchantera sûrement votre chef.

Mon histoire personnelle, par David Stockwell

David Stockwell est l'un des fondateurs de Seasonal View, une société de consulting en service client à Tacoma, dans l'État de Washington. Dans cette histoire personnelle, il parle d'une employée qui l'a complétement enchanté quand il travaillait à REI.

J'AI CONNU L'ENCHANTEMENT IL Y A À PEU PRÈS DEUX ANS PAR LE BIAIS D'UNE STAGIAIRE, Angelica Gonzales. Je dirigeais le service d'assistance à REI et j'avais accepté de prendre des étudiants du programme Digital Bridge de King County. Ce programme s'occupe d'étudiants qui ont échoué dans le système scolaire traditionnel et leur enseigne la technologie dans le cadre de leur GED*. Les meilleurs reçoivent en prime un stage dans une entreprise locale dans le but de leur enseigner comment travailler dans une société.

Angelica était unique. Elle était née dans une famille de sans-abri, a survécu dans un gang et à seize ans, elle était enceinte. Quand elle a débuté à REI, elle a immédiatement fait tout ce qu'il fallait pour apprendre à travailler en entreprise. Je répondais à ses questions tous les jours,

* NDT : Abréviation de *General Educational Development*, un programme destiné aux élèves qui n'ont pas reçu de diplôme de lycée. Pour plus d'information (en anglais) : http://en.wikipedia.org/wiki/General_Educational_Development.

car elle explorait sans relâche non seulement le côté technique de l'assistance, mais aussi les relations humaines dans le travail.

Comme travailler dans le support technique consiste à éteindre des incendies en permanence, son enthousiasme à traiter les cas les plus quotidiens, tout en apprenant à se connaître elle-même ainsi que le monde autour d'elle, a créé un halo d'énergie positive qui a débordé sur le reste de l'équipe. Quand son stage s'est terminé, je l'ai engagée comme technicienne junior pour qu'elle utilise ses compétences nouvellement acquises.

Un jour, elle s'est pointée dans mon bureau pour me poser une question. Après ma réponse, elle a marqué un temps d'arrêt et a demandé : « Est-ce que quelqu'un comme moi peut devenir P-DG un jour ? » C'est alors que j'ai vraiment mesuré la différence entre le support et le mentoring que j'avais eus dans ma vie et ce qu'elle avait connu dans sa jeunesse.

Depuis ce jour, j'ai injecté cette énergie et, faute d'une meilleure expression, « cette étincelle de magie » dans mes interactions avec mes employés, collègues, chefs et plus particulièrement mes clients. La compréhension de la puissance des aspirations des gens, quand ils identifient un objectif qu'ils veulent atteindre, m'a aidé à améliorer mon interaction sociale.

Chapitre 12

Comment résister à l'enchantement

Pour une méthode efficace, la réalité doit l'emporter sur les relations publiques, car on ne trompe pas la nature.

Richard Feynman

Beaucoup ont adopté des techniques d'enchantement, d'influence et de persuasion. Malheureusement, ce ne sont pas tous de braves gens défendant d'excellentes causes et qui ont à cœur de défendre vos intérêts. C'est pourquoi j'ajoute un chapitre expliquant comment résister à ce genre d'enchantement. En prime : si vous comprenez comment résister à l'enchantement, vous deviendrez un meilleur enchanteur.

Éviter les tentations

Les enchanteurs n'ont pas tous le souci de l'éthique, et même ceux qui l'ont peuvent vous convaincre de choses qui ne servent pas vos intérêts. De plus, il y a « l'effet d'un tiers » – le constat qui fait croire que la persuasion des médias de masse est plus efficace sur les gens qu'elle ne l'est. En d'autres termes, on peut être dépassé.

Éviter les situations de tentation (soldes dans les boutiques), certains événements (ventes aux enchères), certains lieux (galeries de boutiques de déstockage), et certaines occasions (faire des courses avec des amies), reste une technique simple pour résister à l'enchantement. Quand on est moins exposé à la tentation, on a moins de chances de prendre une mauvaise décision.

On peut aussi reporter la prise de décision quand on ne peut pas éviter la situation. Par exemple, si une marchandise en solde vous tente, dites-vous que vous pouvez revenir l'acheter quand vous aurez fini vos courses. Reporter est très important si vous êtes stressé, fatigué ou malade, car ce sont des cas où vous pouvez prendre des décisions que vous regretterez.

Si on insiste pour que vous preniez une décision rapide, rappelez-vous « l'effet Dopeler[116] ». L'expression est apparue dans un concours de création de mots nouveaux dans le *Washington Post* en 1998 et elle est parfaite dans cette situation : « Effet Dopeler : l'aptitude des idées stupides à avoir l'air plus intelligentes quand elles viennent à vous rapidement. »

Donc la première mesure à prendre pour résister à l'enchantement est simple : évitez les situations qui peuvent vous pousser à faire une chose qui n'est pas dans votre intérêt.

Regardez loin dans l'avenir

Si vous ne pouvez pas éviter les situations de tentation, posez-vous au moins cette question : quel sera l'impact de cette décision dans un an ? On prend de mauvaises décisions parce qu'on pense au

116 NDT : Jeu de mots sur l'effet Doppler. Le terme «dope» est un terme familier pour désigner à la fois le cannabis et une personne que l'on considère comme une andouille.

passé (« j'aurais dû... »), au futur immédiat (« ce serait vraiment amusant de… »), mais pas à l'avenir.

Pensez à l'impact de vos actions actuelles dans un an ou plus. Une conséquence négative ou même neutre est une perte de temps et de ressource et conduit au désenchantement. Si les avantages dans le futur éloigné se présentent bien, alors permettez à cet enchantement de se produire.

La question n'est pas aussi simple que ceci : « Je dois réfléchir quand cela coûte cher, mais pas quand c'est bon marché. » La grand-mère de Sasha Aickin, vice-président de l'ingénierie d'une agence immobilière en ligne, Redfin, disait un jour avec sagesse : « Quand on achète quelque chose de bon marché et médiocre, le sentiment le plus positif qu'on aura jamais, c'est au moment où on achète. Quand on achète quelque chose de cher et bien, le sentiment le plus négatif qu'on aura jamais, c'est au moment où on achète[117]. »

Soyez conscient de vos limites

Vous demandez-vous pourquoi des gens riches, célèbres et apparemment intelligents se font rouler ? C'est parce qu'ils ne savent pas ce qu'ils ne savent pas et ne veulent pas admettre qu'ils ne savent pas tout.

Il y a une limite de plus : celle de l'étendue du savoir humain. Il se peut que personne ne sache comment marche une chose, et personne ne peut prédire l'avenir. C'est bon de s'en souvenir dans les moments d'illusion d'omniscience.

Il est difficile de connaître ses limites – si difficile qu'on peut vouloir se faire aider. Vous rappelez-vous comment l'avocat du diable de

117 Glen Kelman, « Groupon's Success Disaster » [Le succès désastreux de Groupon], blog de la société Redfin, 16 septembre 2010, http://blog.redfin.com/blog/2010/09/groupons_success_disaster.html.

l'Église catholique trouvait des failles aux candidats à la sainteté ? Vous pourriez vous trouver un avocat du diable vous indiquant les points faibles des propositions et tentations auxquelles vous êtes confronté.

Son rôle est de trouver les failles dans votre logique, avoir une vue d'ensemble et vous éviter les erreurs. C'est aussi un bon argument pour vous désengager : « Mon avocat du diable considère que je ne devrais pas faire cela. » C'est une façon raisonnable, aussi molle soit-elle, de dire non.

En tout état de cause, la conscience de vos limites, des limites du savoir en général et le point de vue extérieur d'un avocat du diable, vous conduiront à prendre des décisions intelligentes et fondées.

Méfiez-vous des points forts, des données et des experts

Les points forts sont une bonne chose. Par exemple, le nombre de chansons qu'on peut stocker sur un lecteur audio est une information plus utile que sa capacité en gigaoctets. Mais un point fort peut aussi induire en erreur. Si un opérateur vous affirme que votre téléphone est gratuit, vous pouvez croire que c'est une bonne affaire jusqu'à ce que vous découvriez qu'il exige un abonnement de deux ans et une grosse pénalité si vous l'interrompez avant.

Les données sont une bonne chose, mais les corrélations qu'on peut établir ne sont pas l'équivalent d'une relation de cause à effet. Par exemple, des chercheurs de Harvard ont mesuré les hauteurs de voix de quarante-neuf hommes d'une tribu en Tanzanie et les ont comparées au nombre des enfants dont ils étaient les pères[118].

118 David H. Freedman, *Wrong: Why Experts Keep Failing us – and how to Know When not to Trust Them* [Faux : pourquoi les experts continuent à nous induire en erreur et comment savoir quand ne pas leur faire confiance.], Little Brown, New York, 2010, p. 42.

Ils ont noté que plus les hommes avaient la voix basse, plus ils avaient d'enfants.

Est-ce que cela signifie que plus la voix d'un homme est profonde, plus il est fécond ? Pas nécessairement. Peut-être les hommes avec beaucoup d'enfants ont-ils des voix plus basses parce qu'ils doivent crier davantage. Ce sont les enfants qui sont à l'origine des voix plus basses, non l'inverse.

Selon Michael Mauboussin, l'auteur de *Think Twice : Harnessing the Power of Counterintuition*[119], trois conditions doivent être remplies pour que X soit la cause de Y : d'abord, X doit exister avant Y ; ensuite, X et Y doivent entretenir une relation fonctionnelle, et non une relation fortuite ; et enfin, il ne peut y avoir un autre facteur, disons Z, qui soit la cause à la fois de X et Y.

Ces hommes de Tanzanie avec un plus grand nombre d'enfants avaient-ils des voix plus basses avant d'être pères ? Y a-t-il une relation fonctionnelle entre des voix plus basses et un plus grand nombre d'enfants ? Est-il possible qu'il y ait une autre cause au fait que ces hommes aient plus d'enfants et des voix plus basses ?

Les experts sont utiles, sauf quand ils ont tort. Le problème est que les gens ont tendance à croire les experts, même quand ils ont tort. Soyez particulièrement prudent quand le conseil d'un expert est innovant, trop beau pour être vrai, quand il suscite une grande curiosité populaire, provient d'une source avec des titres impressionnants dans un journal impressionnant, ou reçoit le soutien d'une entité qui pourrait bénéficier du fait que les gens croient à ce conseil[120].

---

119 Michael J. Mauboussin, *Think Twice: Harnessing the Power of Counterintuition* [Regardez-y par deux fois : mobiliser le pouvoir de la contre-intuition], Harvard Business Press, Boston, 2009, p. 95.

120 David H. Freedman, *Wrong: Why Experts Keep Failing us – and how to Know When not to Trust Them*, *op. cit.*, p. 217-224.

Ne vous fiez pas à un seul exemple

Le pluriel du mot « anecdote » n'est pas « données » **Ben Goldacre**

Au chapitre 4 (« Comment commencer »), j'ai expliqué le pouvoir d'un seul exemple évocateur. Prenez pour hypothèse que les autres savent, eux aussi, tirer parti d'exemples puissants. Mais une superbe photo, des images concrètes (des milliers de paires de chaussures) ou une histoire personnelle ne veulent pas nécessairement dire qu'une cause est vraie, bonne, importante ou pertinente.

Par exemple, la rougeole est en train de revenir aux États-Unis parce que les parents ne vaccinent pas leurs enfants. Malgré l'évidence scientifique du contraire, ils croient que le vaccin ROR (Rougeole-Oreillons-Rubéole) est une cause de l'autisme. Jenny McCarthy, mannequin, actrice et mère d'un enfant autiste, est un porte-parole très en vue de Generation Rescue, une organisation de recherche sur les causes et les traitements de l'autisme. Sa visibilité dans les émissions de télévision a fait connaître ses convictions à des millions de gens.

Jenny McCarthy a connu également une certaine exposition médiatique grâce à la James Randi Educational Foundation quand elle a gagné le prix Pigasus en 2008. La fondation lui a donné ce prix parce qu'elle est « l'actrice qui a berné le plus grand nombre de gens avec le moins d'effort ». Jenny McCarthy, avec un échantillon isolé, plus les rumeurs qu'elle a entendues, a convaincu les parents alors que des volumes d'études médicales et scientifiques témoignent d'un résultat complètement différent.

Même s'il y a une chance pour qu'elle, et ceux qui croient que le ROR est un facteur causant l'autisme, aient raison, les recherches disent qu'ils ont tort. Dans ce genre de situation, une donnée, aussi flagrante soit-elle, ne constitue pas une tendance, donc ne vous laissez pas influencer.

Défiez la foule

Le scepticisme est le début de la foi. **Oscar Wilde**

Le pouvoir du soutien populaire doit vous rendre sceptique (mais pas nécessairement cynique) sur la sagesse de la foule. Parfois l'effet d'une décision n'est pas assez important pour qu'on en recherche sa validation par la foule – dans le choix d'un film par exemple, même s'il y a encore de la place dans la salle.

Mais pour des décisions plus importantes, il est bon de se rappeler que la sagesse de la foule n'est pas aussi évidente qu'on le croit. L'exemple classique est celui de la tulipomanie, dans les années 1630, où un désir irrationnel pour cette fleur encouragea les Hollandais à augmenter le prix des tulipes[121]. Nous (je veux dire, la Silicon Valley) n'avons pas été plus malins dans les années 1990, à l'époque des *dot-com*, quand nous avons poussé le prix des actions des sociétés internet à un niveau insensé.

Le mouvement de foule n'affecte pas seulement les masses incultes. Le physicien Richard Feynman, qui travaillait dans le cadre de la Commission Rogers chargée d'enquêter sur les causes de l'accident de la navette spatiale Challenger, en sait quelque chose. La Commission était composée de pointures, puisqu'elle incluait des gens comme Chuck Yeager, Neil Armstrong et Sally Ride.

Le texte qui suit provient de la conclusion des observations personnelles de Feynman sur la cause de l'accident :

> Si un programme raisonnable de lancement doit être maintenu, l'ingénierie ne peut souvent pas être suffisamment rapide pour répondre aux attentes de critères de validation originellement conservateurs conçus pour garantir un véhicule très sûr. Dans

121 NDT : Pour plus d'information : http://fr.wikipedia.org/wiki/Tulipomanie.

> ce genre de situations, subtilement, et souvent apparemment sans arguments logiques, les critères sont modifiés pour que les vols soient validés en temps. Ils volent donc dans des conditions relativement dangereuses, avec un risque d'échec de l'ordre de 1% (il est difficile d'être plus précis).
> La direction officielle, en revanche, prétend que les probabilités d'échec sont mille fois inférieures. L'une des raisons en est peut-être l'espoir de rassurer le gouvernement sur la perfection de la NASA et sur son succès, pour sécuriser son financement. Une autre raison peut être qu'elle pense sincèrement que c'est vrai, ce qui démontre un manque de communication presque incroyable entre elle et ses ingénieurs opérationnels[122].

Feynman menaça de retirer son nom du rapport si la Commission ne publiait pas ses observations personnelles. Il se servit aussi d'une technique clef pour convaincre, en racontant comment il avait immergé un joint torique, la pièce défaillante qui avait causé l'accident, dans de l'eau glacée et comment ce joint avait perdu son élasticité[123].

Selon Michael J. Mauboussin, l'auteur de *Think Twice*[124], trois conditions doivent être remplies pour qu'il y ait une sagesse authentique de la foule : d'abord, une diversité parmi les individus composant cette foule ; ensuite, la prise en compte des opinions de toutes les personnes qui s'y trouvent ; et enfin, des primes encourageant la participation de ceux qui savent pourquoi ils sont là. Si

122 Richard Feynman, *Report of the Presidential Commission on the Space Shuttle Challenger Accident* [Rapport de la commission présidentielle sur l'accident de la navette spatiale Challenger], volume 2, appendix F, « Personal Observations on Reliability of Shuttle » [Observations personnelles sur la fiabilité de la navette], 27 mai 1986.

123 NDT : Pour plus de détails : http://fr.wikipedia.org/wiki/Accident_de_la_navette_spatiale_Challenger.

124 Michael J. Mauboussin, *Think Twice: Harnessing the Power of Counterintuition*, *op.cit.*, p. 47.

vous avez l'intention de suivre la foule, assurez-vous que ces trois conditions sont remplies.

Examinez vos décisions antérieures

Quand vous prenez une décision, demandez-vous ceci : « Que s'est-il passé quand j'ai fait quelque chose de ce genre dans le passé ? » Si la réponse est négative ou pire, le simple fait que vous vous posiez la question vous impose de ne pas refaire la même erreur. Cela ne veut pas dire que vous ne devez pas essayer à nouveau, mais, qu'au moins, vous devriez tirer parti d'échecs antérieurs.

Écrire le journal de ses décisions est un outil utile pour retracer son histoire personnelle. Quand vous êtes face à un échec, vous pouvez apprendre beaucoup d'une analyse *post mortem*. Scott Berkun, l'auteur de *Confessions of a Public Speaker*[125], fournit la liste des questions à se poser pour examiner des décisions antérieures :

- Quelle était la suite probable des événements ?
- Quelles ont été les multiples petites erreurs qui ont conduit à une plus grande ?
- Y avait-il des erreurs d'hypothèse ?
- Aviez-vous les bons objectifs ? Étiez-vous en train d'essayer de résoudre le vrai problème ?
- Était-il possible d'identifier plus tôt les mauvaises hypothèses ?
- Quelles sont les choses que vous savez maintenant qui vous auraient été utiles à l'époque ?
- Que feriez-vous de différent si vous étiez dans la même situation aujourd'hui ?
- Était-il impossible d'éviter cette erreur ?

125 Scott Berkun, *Confessions of a Public Speaker* [Confessions d'un conférencier], O'Reilly Media, 2009.

- S'est-il passé assez de temps pour que vous sachiez si c'était ou non une erreur[126] ?

C'est une chose d'être enchanté une première fois et de faire l'expérience d'un résultat négatif. C'en est une autre que cela vous arrive à répétition, donc retracez vos décisions et cherchez-en la logique.

Laissez-vous enchanter par de petites choses

L'alternative aux pratiques sérieuses dont nous venons de parler est de ne se laisser enchanter que par de petites choses. Du coup, vous pouvez conserver votre énergie pour les grandes batailles et ne pas vous percevoir comme quelqu'un de constamment négatif.

Qu'y a-t-il de mal à ce qu'un serveur vous persuade de prendre un dessert ? Qu'y a-t-il de mal à ce que votre fille vous enchante au point de vous faire acheter un autre Webkinz[127] ? Qu'y a-t-il de mal à sauter un rendez-vous à déjeuner pour jouer au hockey ? En cédant à de petits enchantements, vous gardez votre capacité à résister pour les décisions qui peuvent affecter votre vie de façon sérieuse.

Il se peut même que la joie que procurent les petits enchantements réduise l'importance de ceux qui sont importants, risqués et coûteux. Il est possible que notre capacité à résister soit limitée, donc conservons-la pour les décisions majeures.

126 Scott Berkun, *How to Learn from Your Mistakes* [Comment apprendre de ses erreurs], Scott Berkun (blog), 17 juillet 2005, www.scottberkun.com/essays/44-how-to-learn-from-your-mistakes.

127 NDT : Les Webkinz sont des animaux en peluche mis sur le marché par la société Ganz en 2005 : http://fr.wikipedia.org/wiki/Webkinz.

Créez une check-list

Finalement, retournons à notre amie, la check-list. Quand on est confronté à une proposition enchanteresse, il est utile de parcourir la check-list des facteurs essentiels à prendre en compte. Voici un point de départ :

- Si j'attendais une semaine, je prendrais la même décision.
- Dans un an, cette décision sera encore la bonne.
- J'ai fait mon travail de recherche en lisant des revues et rapports indépendants sur ce produit, ce service, cette société ou cette idée.
- Je suis tout à fait conscient du coût total de cette décision, installation, support, maintenance, souscription et mises à jour compris.
- Cette décision ne fera de mal à personne.
- Cette décision ne sera pas excessivement nuisible à l'environnement.
- Cette décision n'est pas contraire à l'éthique, la morale ou la loi.
- Cette décision ne donnera pas un mauvais exemple à mes enfants.
- Si personne ne voyait ce que je fais, je le ferais quand même.
- Si tout le monde voyait ce que je fais, je le ferais quand même.

Très honnêtement, rétrospectivement, j'aurais pris des douzaines de décisions différentes si j'avais consulté une check-list comme celle-ci. Comme le dit le proverbe : « Mieux vaut tard que jamais ! »

Mon histoire personnelle, par Tibor Kruska

Tibor Kruska est entrepreneur en technologie de l'information de Dorog, en Hongrie. J'ai ajouté son histoire personnelle à la fin de ce chapitre sur le fait de résister à l'enchantement pour vous montrer que si quelque chose est suffisamment bien, la résistance est futile. :-)

CE N'EST PAS UNE HISTOIRE TRAFIQUÉE JUSTE POUR VOUS FAIRE PLAISIR. C'est une histoire réelle d'enchantement grâce à votre livre. J'aime lire des livres de business ; j'en ai beaucoup, autour de trois cents. La plupart sont plutôt bons, mais si je devais me débarrasser de tous, sauf un, je garderais *L'Art de se lancer.*

Il y a des années, un ami m'a envoyé une vidéo sur votre présentation de ce livre à TiECon, en 2006. Je ne plaisante pas : je l'ai regardée des centaines de fois (vous pouvez vérifier mon iPod), avant de pouvoir acheter le livre.

Je suis même allé aux États-Unis pour acheter ce livre ! (D'accord, ce n'est pas tout à fait vrai, parce que de toute façon, je devais aller à Las Vegas pour une conférence, mais j'ai acheté ce livre lors de ce même voyage).

Si je compare la plupart des livres de business au vôtre, presque tous sont nuls – en tout cas quand on attend de vrais conseils pratiques pour les entrepreneurs. Je ne laisserais tout simplement personne démarrer une société avant qu'il ait lu *L'Art de se lancer.*

Je déteste les livres dont les sujets tournent autour de choses comme réfléchissez-profondément-vous êtes intelligent, répétez-tous-les-matins-je-suis-positif ou même vous-êtes-capable-de-le-faire-si-vous-vous-mettez-dans-la-bonne-disposition-d'esprit. Si j'ai besoin de me mettre dans un certain état d'esprit, c'est que je ne dois pratiquement pas en avoir. Du coup, c'est la pire façon de démarrer pour être entrepreneur.

Votre livre ne me dit pas ce que je devrais penser ou me forcer à penser, mais il me dit vraiment quoi faire. C'est exactement ce dont j'ai besoin quand je lance une nouvelle affaire. En fait, je le lis avant tout nouveau projet que je démarre.

Conclusion

Sur la lisière turquoise du crépuscule
La lune s'enfonce telle une barque nacrée
L'enchantement navigue sur les mers fabuleuses,
Vers la féerie des Hespérides,
Par-dessus les collines et dans le lointain.

Madison Julius Cawein

Je vous ai communiqué tout mon savoir sur l'art d'enchanter. Maintenant à vous de jouer : laissez de côté ce qui ne marche pas et améliorez ce qui marche. Mieux, nous avons établi une check-list vous permettant de mesurer vos progrès : c'est le GREAT test à la fin de cette section, un acronyme pour « Guy's Realistic Enchantement Aptitude Test ».

Un dernier mot : l'enchantement est un talent puissant, et ce pouvoir entraîne une responsabilité. Il est de votre devoir de vous servir de ce talent pour le bien de toutes les parties, si ce n'est du monde. Merci de garder cela à l'esprit.

Prenez soin de vous, soyez généreux et amusez-vous !

Guy Kawasaki

Mon histoire personnelle, par Kathy Parsanko

Kathy Parsanko, consultante en marketing et relations publiques à Cincinnati dans l'Ohio, travaillait avec le Drake Center quand elle a partagé la dernière histoire de ce livre. Quelle est la forme ultime d'enchantement ? L'amour durable entre deux êtres.

DON MARTIN ET ULYS MARTIN, QUE DON APPELLE SON « ADORABLE ÉPOUSE », habitent à Bridgeway Pointe, la résidence médicalisée du Drake Center. Don vit dans un appartement à lui. Ulys vit à un autre étage, dans une section protégée pour les patients atteints de démence. Il va la voir en chaise roulante électrique jour et nuit. Ils sont mariés depuis soixante-cinq ans, ont vécu dans le monde entier, et maintenant, ils sont là.

Elle marche d'un pas traînant et, souvent, elle ne sait pas quel jour on est, où elle est, et il est probable qu'elle ne sait pas à qui elle parle... jusqu'à ce que Don apparaisse. Dès qu'elle le voit, son visage s'illumine ; elle sourit et parfois je lui vois des larmes. Elle reconnaît Don parfaitement. Et ils communiquent – avec ou sans mots. C'est le genre d'amour dont on pense souvent qu'il n'existe que dans les romans et les rêves. Mais j'en ai été le témoin.

L'histoire d'Ulys et Don était en première page de l'édition du week-end de la Saint-Valentin du *Cincinnati Enquirer* en 2010. Tout d'abord, Don ne comprenait pas pourquoi quiconque aurait envie de lire une histoire sur « nous ». Il ne voyait pas la raison de tout ce battage. Puis il comprit. Je lui lus tous les commentaires positifs et chaleureux des lecteurs en ligne. Beaucoup remerciaient le couple de leur donner l'espoir qu'eux aussi trouveraient l'amour véritable un jour.

Mon travail comme responsable des relations publiques pour une communauté médicalisée m'a confirmé la valeur de la vie. Quand ils arrivent dans cet environnement, les résidents et leurs familles sont souvent vulnérables et ont abandonné tous les faux-semblants. La majorité de ces gens savent « ce qui importe vraiment », et c'est l'amour. Et il n'y a rien de plus enchanteur que de se trouver parmi eux.

Le GREAT Test

Pour vous aider à démarrer, j'ai répondu aux deux premières questions pour vous.

1. Combien de muscles utilise-t-on pour faire un sourire enchanteur ?

- **a.** 0
- ✔ **b.** 2
- **c.** 3
- **d.** 5
- **e.** 10

2. Comment devez-vous vous habiller pour enchanter les gens ?

- **a.** Mieux qu'eux
- **b.** Pire qu'eux
- ✔ **c.** Comme eux
- **d.** C'est sans importance
- **e.** Pour vous faire plaisir

3. Quelles sont les méthodes utiles pour le lancement d'une cause ?

- **a.** Raconter une histoire
- **b.** Semer beaucoup de graines
- **c.** Demander aux gens ce qu'ils comptent faire
- **d.** Réduire le nombre des choix
- **e.** Tout ce qui précède

4. Quand vous rencontrez quelqu'un pour la première fois, vous devez :

- **a.** Considérer ses demandes avec scepticisme
- **b.** Lui donner une poignée de main d'au moins dix secondes
- **c.** Utiliser des analogies liées à la guerre pour dégeler l'atmosphère
- **d.** Éviter tout bavardage sur vos passions personnelles et vous focaliser sur les sujets professionnels
- **e.** Dire oui par défaut et trouver comment aider cette personne

5. Les cinq caractéristiques d'une cause excellente sont d'être :

- **a.** Stupide, insuffisante, nulle, exaspérante et coûteuse
- **b.** Dense, intelligente, complète, énergisante et élégante
- **c.** Nuisible, inepte, incohérente, érotique et éphémère

d. Dense, intellectuelle, concurrentielle, éloquente et exotique
e. Didactique, insipide, astucieuse, sérieuse et ecclésiastique

6. Sélectionnez les trois qualités d'un bon message :

a. Court
b. Gentil
c. Endormant
d. Sacré
e. Consommable

7. Quelles sont les caractéristiques encourageant les gens à tester votre cause ?

a. Facilité d'usage
b. Démarrage immédiat
c. Faible coût de l'essai
d. Réversibilité de l'essai
e. Tout ce qui précède

8. Quand devez-vous révéler un éventuel conflit d'intérêts ?

a. Immédiatement après avoir conclu une affaire
b. Jamais
c. Au tout début d'une relation
d. Quand on vous le demande
e. Quand vous êtes assigné à comparaître au tribunal

9. Laquelle de ces méthodes ne peut pas aider à vaincre les résistances à une cause ?

a. Créer une impression d'ubiquité
b. Créer une impression de rareté
c. Trouver l'aspect positif
d. Montrer aux gens votre magie
e. Toutes ces méthodes peuvent aider à vaincre des résistances

10. Quand on vous remercie pour une faveur, la réponse optimale est :

a. Je vous en prie
b. Maintenant vous me devez quelque chose
c. De rien
d. Ce sont mes employés qui s'en sont occupé de toute façon
e. Je sais que vous feriez de même pour moi

11. De ces constats, quel est le faux ?

a. Vous devriez créer un espace de travail séparé pour ceux qui y croient
b. Les gens paieront de retour une bonne action des décennies plus tard
c. Une équipe homogène permet de faire durer l'enchantement
d. Les Grateful Dead autorisaient l'enregistrement de leurs concerts
e. Les récompenses financières peuvent ne pas assurer la loyauté et le soutien

12. Quel est le format idéal d'une présentation PowerPoint ou Keynote ?

a. Soixante slides, soixante minutes, six points pour la police de caractères
b. Dix slides, soixante minutes, huit points pour la police de caractères
c. Vingt slides, vingt minutes, dix points pour la police de caractères
d. Dix slides, vingt minutes, trente points pour la police de caractères
e. Trente slides, quatre-vingt dix minutes, soixante points pour la police de caractères

13. Quelle est la longueur idéale pour une vidéo YouTube enchanteresse ?

a. Soixante minutes
b. Soixante secondes
c. Cinq minutes
d. Quinze minutes
e. Dix secondes

14. Quel est le concept japonais que vous ne devriez pas mettre en application ?

a. *Wa*
b. *Bakatare*
c. *Shibui*
d. *Seijaku*
e. *Kanso*

15. Quand devez-vous vous méfier de la foule ?

- **a.** Les gens dans une foule ont des antécédents différents
- **b.** L'opinion de chaque individu dans la foule est prise en considération
- **c.** Il y a des primes qui n'encouragent à participer que ceux qui ont des idées
- **d.** a, b, et c
- **e.** c seulement

16. Que pouvez-vous faire pour vous donner une garantie virtuelle que vous enchanterez votre public au début d'un discours ?

- **a.** Remercier le public d'éteindre les téléphones portables
- **b.** Offrir un rabais sur votre produit ou service
- **c.** Monter des photos de ce qui vous enchante dans leur ville
- **d.** Monter des photos de votre nouvelle Porsche
- **e.** Expliquer que vous êtes épuisé par votre long voyage en avion

17. Quelle est la chose à ne pas faire si vous voulez enchanter vos employés ?

- **a.** Leur permettre de travailler de façon indépendante
- **b.** Leur demander des choses que vous ne feriez pas
- **c.** Évoquer ses faiblesses personnelles d'emblée
- **d.** Fêter les succès d'équipe
- **e.** Juger ses résultats et leurs intentions

18. Si vous voulez que je séjourne dans votre hôtel, quelle est la chose à ne pas faire ?

- **a.** Faire payer l'accès wifi
- **b.** Ne fournir qu'une seule prise électrique près du bureau
- **c.** Transformer le *fitness center* en chambres supplémentaires
- **d.** Faire payer des frais de réservation
- **e.** Ne fournir qu'une seule clef pour le bar de la chambre

19. Quelle est la chose la plus importante à faire pour enchanter votre chef ?

- **a.** Lui cirer les pompes
- **b.** Lui donner les mauvaises nouvelles le plus tard possible
- **c.** Refuser un conseil de carrière
- **d.** Promettre moins et faire plus
- **e.** Laisser tout tomber et faire d'abord ce qu'il vous demande

20. Laquelle de ces qualités n'est pas le fait de Twitter ?

a. Fiabilité
b. Gratuité
c. Facilité
d. Ubiquité
e. Rapidité

Crédit supplémentaire : j'ai répondu aux deux premières questions du test pour :

a. Augmenter votre score
b. Vous montrer que je connais mon affaire
c. Raccourcir la longueur du test
d. Vous encourager à tricher
e. Vous encourager à faire le test

Réponses : 1 b ; 2 c ; 3 e ; 4 e ; 5 b ; 6 a, b, e ; 7 e ; 8 c ; 9 e ; 10 e ; 11 c ; 12 d ; 13 b ; 14 b ; 15 d ; 16 c ; 17 b ; 18 d ; 19 e ; 20 a.

Quels sont vos résultats ? Voici les indications sommaires vous permettant de mesurer vos talents d'enchanteur :

19-20 Vous pourriez apprendre deux ou trois choses à Steve Jobs
16-18 Foncez et enchantez
11-15 Relisez *L'Art de l'enchantement* une fois de plus
6-10 Pensez à un travail qui suppose peu de contacts humains
0-5 Demandez-moi de vous rembourser

La couverture parle...

J'adore écouter un chœur. J'adore que le public voie les visages d'individus en chair et en os se livrant à la musique. J'aime le travail d'équipe. Je deviens optimiste sur l'humanité quand je vois les gens coopérer ainsi.

Paul McCartney

Ce qu'il y a derrière la couverture de ce livre et comment il a fallu 260 personnes pour la faire

La couverture de *L'Art de l'enchantement* a sa propre histoire enchanteresse. Il est difficile d'illustrer le concept d'enchantement, et je voulais savoir ce qu'il évoquait pour les gens et la représentation graphique qu'ils en feraient. La voie la plus directe pour accomplir cet objectif était d'organiser un concours. Ma théorie est que plus on réunit de grands esprits, meilleurs sont les résultats. J'ai contacté mes amis de CrowdSpring et nous avons créé un concours avec un prix de 1 000 dollars. À ma stupeur, près de 250 personnes ont proposé 760 designs. C'est grosso modo soixante-quinze fois plus de designs que ce que voient la plupart des auteurs. J'ai retenu cinq de ces 760 propositions et j'ai demandé aux gens de voter pour celle qu'ils préféraient.

Business/psychology
Enchantment
The Art of Changing Hearts, Minds, and Actions
Guy Kawasaki
Author of The Art of the Start and Reality Check

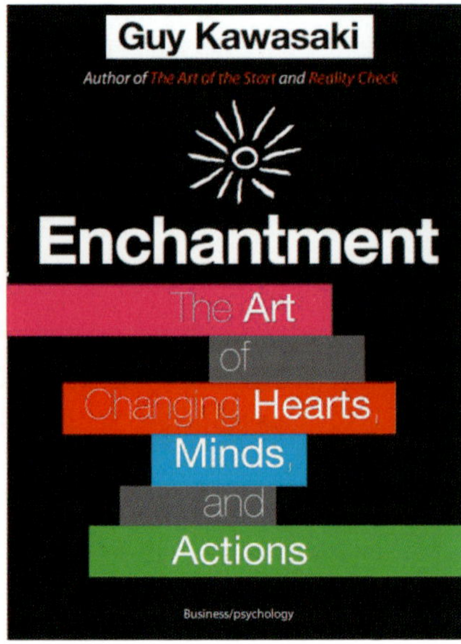
Guy Kawasaki
Author of The Art of the Start and Reality Check
Enchantment
The Art
of
Changing Hearts,
Minds,
and
Actions
Business/psychology

BUSINESS | PSYCHOLOGY
Enchantment
The Art of Changing Minds, Hearts, and Actions
Guy Kawasaki
author of The Art of the Start and Reality Check

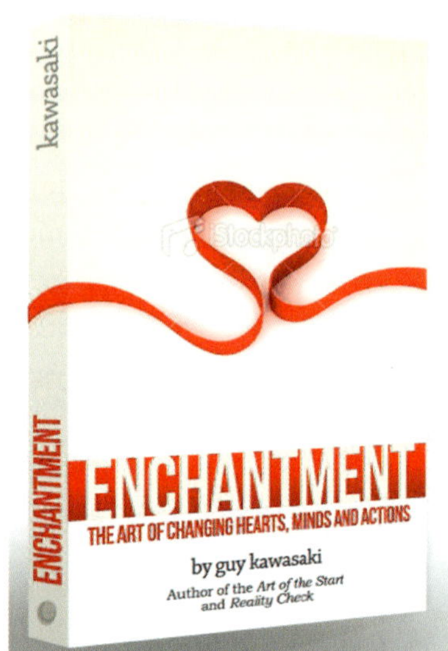
kawasaki
ENCHANTMENT
ENCHANTMENT
THE ART OF CHANGING HEARTS, MINDS AND ACTIONS
by guy kawasaki
Author of the Art of the Start
and Reality Check

La proposition qui a reçu le plus grand nombre de suffrages est le papillon bleu sur fond rouge. Le designer a utilisé cette photo d'Enchantedgal (je n'invente pas) sur DeviantART.

C'est aussi le design que je préférais. J'étais prêt à passer outre le vote populaire, mais la situation a fait que j'ai pu maintenir l'illusion d'impartialité, d'ouverture et de transparence. Parfait !

Pendant le concours, beaucoup de designers m'ont accusé d'exploiter abominablement la créativité de leurs collègues. Leur calcul était que si 250 personnes entraient dans la compétition et qu'une seule gagnait, j'avais exploité les 249 autres. Le crime s'appelle *travail de spécifications,* car il est théorique et sans garantie de compensation. Quoi ? La vie est un travail de spécifications : sans courage, sans gloire, sans visibilité, sans expérience et sans prix. Je n'ai forcé personne à concourir et il y avait une chance de gagner 1 000 dollars et de la visibilité. À ma grande joie, le gagnant n'est (a) ni un designer « professionnel » ; (b) ni un Américain ; (c) ni un crétin. C'est Ade Harnusa Azril, un étudiant en électrotechnologie à l'Institut Teknologi Bandung en Indonésie.

Je ne pouvais pas espérer mieux.

Quand j'ai annoncé le gagnant, les designers ont attaqué sur le thème que ce n'était rien de plus « que la stock photo d'un papillon sur fond rouge ». Soit, et Andy Warhol a peint une boîte de soupe

Campbell ? Dommage qu'ils n'aient pas pensé à cela, non ? Je ne connais pas d'industrie où on excelle en démolissant ses collègues autant que dans le design.

Malheureusement (et peut-être heureusement, comme vous allez le découvrir), le design ne plaisait pas à l'équipe éditoriale, à l'agence publicitaire, ni à la maison d'édition. « Trop New Age », « trop féminin – aucun homme ne veut se faire surprendre en train de lire un livre rouge avec un papillon sur la couverture », « trop manuel de développement personnel, trop mièvre, trop… », vous voyez le paysage. Et pire que tout : « La force de vente déteste. »

Bienvenue dans ma vie.

Mais 90 % de la bataille est de s'exposer. L'autre 10 % est de persévérer une fois qu'on est à nu.

Rétrospectivement, je me rends compte que cette réaction négative m'a forcé à sortir de ma zone de confort. Un soir que je pédalais sur un Star Trac semi-allongé tout en lisant des tweets sur mon iPad et regardant « NHL on the Fly », j'ai eu l'idée d'un papillon en origami. Cela résolvait deux problèmes : le stigmate de la stock photo et les connotations développement personnel et New Age. De plus, il y avait une vraie cohérence : un homme et un art japonais.

Mais je ne m'y connaissais pas du tout en origami ; j'ai donc cherché « papillon en origami » sur Google et j'ai demandé ceci à mes 330 000 amis les plus proches sur Twitter : « Qui connaît un maître en origami ? » J'ai eu de super résultats. Ma sœur – Jean Okimoto – ainsi que Lisa « Kailua Lisa » Mullinaux, Jason Wehmhoener et Marco Carbullido sont aussi venus à ma rescousse. Leurs efforts m'ont conduit à Michael LaFosse et à un design appelé le « machaon d'Alexander »[128], que j'ai vu sur le site web de Sara Adams :

Et je découvre que Michael est le Wayne Gretzky de l'origami. Lui et son partenaire, Richard Alexander, dirigent Origamido Studio.

128 NDT : Le machaon ou grand porte-queue *(Papilio machaon)* est un insecte lépidoptère de la famille des papilionidés : http://fr.wikipedia.org/wiki/Machaon_(papillon).

Michael a été vu dans un superbe film *Between the Folds*[129]. Je suis allé sur leur site web et j'ai envoyé un e-mail qui arrive généralement dans la boîte des webmasters – qui ne répondent jamais. Mais voilà, Michael a répondu en un jour.

De fil en aiguille – y compris des histoires sur l'International Marketplace à Waikiki et Don Ho – Michael a créé un design personnalisé appelé le « Kawasaki Swallowtail[130] ». Avez-vous jamais entendu parlé d'un papillon en origami portant les nom de Jobs, Gates, Williams, Stone, Ballmer, Ellison ou Zuckerberg ? J'en doute. Richard colla le papier doré qu'il avait fabriqué à la main sur un washi[131] imprimé pour créer l'effet recto-verso. Puis Michael a plié le « Kawasaki Swallowtail », et voilà, j'avais un papillon personnel d'enfer ressemblant au *Shogun* de James Clavell[132] rencontrant un bombardier B-1 furtif.

129 NDT : *Entre les pliures*. Ce documentaire, primé outre-Atlantique et produit par Green Fuse Films, raconte l'histoire de dix artistes talentueux, d'anciens mathématiciens et scientifiques de renom qui ont laissé tomber carrière et diplômes supérieurs pour devenir des origamistes – ou artistes de papier – du XXIe siècle. Pour plus d'information, voir http://www.greenfusefilms.com/french.html.

130 NDT : « Le machaon de Kawasaki. »

131 NDT : Le *washi* est un papier japonais fabriqué artisanalement : http://fr.wikipedia.org/wiki/Washi.

132 NDT : Écrivain et scénariste anglais : http://fr.wikipedia.org/wiki/James_Clavell.

À ce stade, j'ai un papillon d'enfer et le concept d'un papillon d'enfer sur un dégradé de rouge. Il me fallait désormais quelqu'un pour perfectionner le tout et réaliser le design de la couverture aux spécifications du département artistique. Et voici Sarah Brody sur un cheval blanc.

Vous connaissez son travail car elle était la designer d'une bonne partie des logiciels d'Apple. Elle a photographié le « Kawasaki Swallowtail », retravaillé l'image, créé le dégradé de rouge, choisi la police de caractère (FFThesis-The Sans), fait la mise en pages, et d'une manière générale a perfectionné le tout. C'est toute l'histoire de la façon dont j'ai fait un *crowdsourcing* en attirant 250 personnes de talent dans le monde, choisi l'idée d'un étudiant en ingénierie en Indonésie, convaincu un maître en origami de Boston de créer un nouveau papillon, et eu la chance de connaître un designer de la Silicon Valley. Y a-t-il récit plus enchanteur pour raconter la création de la couverture d'un livre ?

Sélection bibliographique

C'est un bon livre qui s'ouvre sur une attente
et se termine avec plaisir et profit.

A. Bronson Alcott

Au cours de l'année passée à écrire ce livre, j'ai consulté une vingtaine d'ouvrages sur l'influence et la persuasion. Ils ont élargi et enrichi mon concept de l'enchantement. Je les recense ici pour que vous puissiez retracer mon itinéraire et approfondir les méthodes pour enchanter.

Bedell Gene, *3 Steps to Yes: The Gentle Art of Getting Your Way*, Crown Business, New York, 2000.

Brafman Ori and Rom, *Swan: The Irresistible Pull of Irrational Behavior*, Broadway Business, New York, 2008.

Brafman Ori and Rom, *Click: The Magic of Instant Connections*, Broadway Business, New York, 2010.

Carnegie Dale, *How to Win Friends and Influence People*, Simon and Schuster, New York, 2009.

Cialdini Robert, *Influence: The Psychology of Persuasion*, Harper Paperbacks, New York, 2006.

Deci Edward L., with Flaste Richard, *Why We Do What We Do: Understanding Self-Motivation*, Putnam's, New York, 1995.

Earls Mark, *Herd: How to Change Mass Behavior by Harnessing Our True Nature*, John Wiley, West Sussex, UK, 2007.

Fisher Len, *The Perfect Swarm: The Science of Complexity in Everyday Life*, Basic Books, New York, 2009.

Freedman David H., *Wrong: Why Experts Keep Failing us – and How to Know When not to Trust Them*, Little Brown, New York, 2010.

Gawande Atul, *The Checklist Manifesto: How to get Things Right*, Metropolitan Books, New York, 2010.

Goldstein Noah J., Martin Steve J., and Cialdini Robert B., *Yes! 50 Scientifically Proven Ways to be Persuasive*, Free Press, New York, 2008.

Granger Russell H., *The 7 Triggers to Yes: The New Science Behind Influencing People's Decisions*, McGraw-Hill, New York, 2008.

Heath Chip and Dan, *Switch: How to Change Things When Change is Hard*, Broadway Books, New York, 2010.

Lehrer Jonah, *How We Decide*, Houghton Mifflin Harcourt, Boston, 2009.

Lovaglia Michael J., *Knowing People: The Personal Use of Social Psychology*, McGraw-Hill, New York, 1999.

Luntz Frank, *Words That Work: It's Not What You Say, It's What People Hear*, Hyperion, New York, 2007.

Mauboussin Michael J., *Think Twice: Harnessing the Power of Counterintuition*, Harvard Business Press, Boston, 2009.

Patterson Kerry, Grenny Joseph, Maxfield David, McMillan Ron, and Switzler Al, *Influencer: The Power to Change Anything*, McGraw-Hill, New York, 2008.

Shell G. Richard, Moussa Mario, *The Art of Woo: Using Strategic Persuasion to Sell Your Ideas*, Portfolio, New York, 2007.

Thaler Richard H., Sunstein Cass R., *Nudge: Improving Decisions About Health, Wealth, and Happiness,* Penguin Books, New York, 2009.

Index

Comme il n'avait pas le temps de lire tous les livres paraissant dans son domaine, le grand anthropologue polonais Bronislaw Malinowski avait une méthode simple et efficace pour décider lesquels étaient dignes de son attention : lorsqu'il recevait un nouveau livre, il vérifiait immédiatement l'index pour voir s'il était cité et combien de fois. Plus il y avait de « Malinowski », plus le livre était attirant. Et quand il n'y avait pas « Malinowski », il doutait que le livre ait même trait à l'anthropologie.

Neil Postman

J'espère que Robert Cialdini va vérifier cet index.

Guy Kawasaki

Pour finir

Écrire un livre est une aventure. Quand on commence, c'est un jeu et un amusement. Puis cela devient une maîtresse, puis un maître, puis un tyran. La phase ultime est qu'au moment où vous vous êtes résigné à votre servitude, vous tuez le monstre et le balancez au public.

Sir Winston Churchill

Ouvrages pour les professionnels parus aux Éditions Diateino

Guy Kawasaki

L'Art de se lancer, le guide tout terrain pour tout entrepreneur

La Réalité de l'entrepreneuriat, le guide irrévérencieux pour dépasser, devancer, distancer vos concurrents

La Technique du succès, manuel pratique d'organisation de soi-même

Seth Godin

Tribus, nous avons besoin de VOUS pour nous mener

Êtes-vous indispensable ? Linchpin

Connie Dieken

Parler moins pour en dire plus

Hugh Mac Leod

Ignorez-les tous ! ET 39 autres clefs de plus pour développer votre créativité

Jacques Birol

Pour entreprendre et innover : 52 conseils éternels d'après les maximes de Baltasar Gracián

Médias sociaux

Monica O'Brien

Pollinisation sociale, les médias sociaux au service de votre entreprise

Tara Hunt

L'Effet Whuffie, tirer parti de la puissance des réseaux sociaux pour développer son business

Catherine Ertzscheid, Benoît Faverial, Sylvain Guéguen

Le Community Management, stratégies et bonnes pratiques pour interagir avec vos communautés

Mitch Joel

Six pixels de séparation, quand le marketing se met à l'heure des réseaux sociaux

Crédits photos et illustrations :

Pages XX, XXI : avec l'aimable autorisation d'Apple ; 7 : Jorge Cham (www.phdcomics.com) ; 9 : Eric Dawson ; 11 : © Vera Anderson/Wire Image/ Getty Images ; 20 : Dominique-Charles Janssens ; 18, 49, 73, 114, 130-134 : Guy Kawasaki ; 28 : Fran Shea ; 43 : Tony Morgan ; 50 : Korey Kay & Partners Advertising ; 60 : Mike Stevens ; 77 (haut) : © Derek Sivers (www.sivers.org) ; 77 (bas) : Matt Maurer ; 89 : @ Associated Press/Eddie Adams ; 96, 97 : @ www.gapminder.org ; 87 : Rob McCullough ; 105 : Richard Fawal ; 124 : Chris Anthony ; 129 : *An Inconvenient Truth*, © Paramount Classics ; 135 : Associated Press/Paul Sakuma ; 147 : Garr Reynolds ; 159 : Visible Measures (www.visiblesmeasures.com) ; 164 : Meryl K. Evans ; 172 : Gray Rinehart ; 178 : Milene Laube Dutra ; 186 : David Stockwell ; 199 : Tibor Kruska ; 201 : Kathy Parsanko ; 210 : Ade Harnusa Azril.

Couvertures et papillons :
Page 208 : Samuel Toh, Richard Klasovsky, Ade Harnusa Azril, David Toyal (www.eagleseyesdesign.com)
Page 209 : Tracy Lucas ; papillon : Kimberly Crick www.TheEnchantedGallery
Page 212 : Sarah Adams.

Mise en pages : Imprimerie Darantiere
Couverture : Sarah Brody
Corrections : Valérie Lajoinie

Imprimé en France sur les presses de l'Imprimerie Darantiere à Dijon-Quetigny
N° d'impression : 11-0496 – **Dépôt légal :** mars 2011